THE MINOR AGREEMENTS

STUDIORUM NOVI TESTAMENTI AUXILIA

XV

THE MINOR AGREEMENTS

IN A HORIZONTAL-LINE SYNOPSIS

BY

FRANS NEIRYNCK

LEUVEN
UNIVERSITY PRESS

UITGEVERIJ PEETERS
LEUVEN

1991

CIP KONINKLIJKE BIBLIOTHEEK ALBERT I, BRUSSEL

ISBN 90 6186 457 7 (Leuven University Press)
D/1991/1869/21

ISBN 90 6831 347 9 (Uitgeverij Peeters)
D/1991/0602/51

© Leuven University Press/Presses Universitaires de Louvain
Universitaire Pers Leuven
Krakenstraat 3, B-3000 Leuven-Louvain (Belgium)

Uitgeverij Peeters, Bondgenotenlaan 153, B-3000 Leuven (Belgium)

PREFACE

This list of the Minor Agreements in its present form was set up at the request of Professor G. Strecker, chairman of the Colloquium on the Minor Agreements to be held in Göttingen, July 26-28, 1991. In his letter of 2.5.1991 he made the proposal to prepare a *Kurzfassung* of the Cumulative List published in my 1974 volume on the Minor Agreements: "Wichtig wäre es, diese Liste in einer auf der Grundlage der 26. Auflage des Nestle-Aland-Textes bearbeiteten Fassung vorzuliegen".

The apparatus following each set of agreements in the Cumulative List is not reproduced here, and the reader is referred to the original publication[1] for textual notes and further information about the study of individual cases of agreement.

The table contains, in a horizontal-line synopsis, a contextual presentation of the agreements between Matthew and Luke against Mark, following the order of the Gospel of Mark. The words in agreement are underlined. For agreements in addition or substitution (positive agreements) a solid line is used in the text of Matthew and Luke, with complete underlining of additional matter and specific underlining of the agreement where a word is used in a form different from Mark. For agreements in omission (negative agreements) the text of Mark is underlined with a dotted line; occasionally the two elements of duplicate expressions are marked by the letters [a] [b]. Agreements in inverted order are indicated in Matthew and Luke by the sign / between the two inverted words and by // for more complex transpositions.

The text of Mark is divided into 109 paragraphs; in each paragraph the sets of agreements are numbered (marginal number). In each set the individual agreements are numbered in the order of the text of Matthew (first line) and Mark (second line). Complex agreements (i.e., more than one word) are covered by one number, unless differentiation is needed.

---

[1] F. NEIRYNCK, *The Minor Agreements of Matthew and Luke against Mark with a Cumulative List* (BETL, 37), Leuven, University Press, 1974. In collaboration with T. Hansen and F. Van Segbroeck.

Cf. Part II: "A Cumulative List of the Minor Agreements of Matthew and Luke against Mark", pp. 49-195. See also Part I: "The Study of the Minor Agreements" (pp. 11-48); Part III: "A Classification of Stylistic Agreements with Comparative Material from the Triple Tradition" (pp. 197-288). The apparatus to the Cumulative List refers to the authors mentioned in Part I and to the classification of stylistic phenomena in Part III.

The gospel text is printed according to the Nestle-Aland[26] edition. In a few instances some words from other editions are added to the N[26] text (within parentheses) because of their relevance with respect to the Matthew-Luke agreement. Numbers of such agreements (not in N[26]: see the list in the Appendix) are enclosed within parentheses.

Thanks are due to Timothy A. Friedrichsen for his assistance in preparing the Appendix and the bibliographical note at the end of this textbook.

CONTENTS

8   CONTENTS

APPENDIX

TABLE OF DISLOCATED TEXTS

MATTHEW

4,13.15	p. 15	8,28-34	pp. 37-38	11,15	p. 34
4,23	17	9,1	39	12,38-39	48
4,24a	15	9,18-26	39-41	13,36	35
4,24b-25	26	9,27-29	61-62	14,12	45
4,25	17	9,30-31	18	17,20	65
5,1	27	9,32-34	28	17,24-25	55
5,13	57	9,35-10,16	42-44	21,12-14	65
5,15	34	10,1-4	27-28	21,15	65
5,32	57	10,17-22	73	21,15-16	64
6,33	34	10,26	34	23,11	56
7,2b	34	11,1	44	24,42.44	75
8,1-4	17-18	11,10	11	25,13-15	75
8,18-27	35-36				

LUKE

3,19	p. 45	11,14-23	pp. 28-29	16,21	p. 48
4,15	17	11,16	48	17,1-2	56
4,16-30	41-42	11,29	48	17,6	65
4,16	14	11,33	34	17,11	57
4,41	26	12,1	49	17,23	74
4,43	17	12,2	34	17,31	74
5,1-11	15	12,10	29	19,1	61
6,12-16	27-28	12,11-12	73	19,12-13	75
6,38b	34	12,31b	34	21,36	75
7,27	11	12,40	75	21,37	64
7,36-50	76	12,50	61	22,21-23	78
8,1	42	13,18-19	35	22,24-27	61
8,19-21	30	13,22	42	22,26	56
9,32	80	14,1-6	25	22,56-62	83-84
9,51	57	14,34-35	57	22,63-65	82
10,1-12	42-44	14,35	34	22,66	81
10,25-28	70	16,18	57	23,9-10	85

§ 1. Mc 1,1-6 ; Mt 3,1-6 ; Lc 3,1-6

1. Mt   om.
   Mc 1,1   ἀρχὴ τοῦ εὐαγγελίου Ἰησοῦ Χριστοῦ [υἱοῦ θεοῦ].
   Lc   om.

2. Mt 3,1   ἐν   δὲ ταῖς ἡμέραις ἐκείναις
   Mc 1,1   om.
   Lc 3,1   ἐν ἔτει δὲ πεντεκαιδεκάτῳ τῆς ἡγεμονίας Τιβερίου Καίσαρος,

3. Mt 3,1-3   παραγίνεται   Ἰωάννης...// (3) verba prophetae
   Mc 1,2-4   verba prophetae   (4) ἐγένετο Ἰωάννης...
   Lc 3,2-4   ἐγένετο ῥῆμα θεοῦ ἐπὶ Ἰωάννην...// (4) verba prophetae

4. Mt 3,3   οὗτος γάρ ἐστιν ὁ ῥηθεὶς διὰ   ¹Ἠσαΐου τοῦ προφήτου λέγοντος·
   Mc 1,2   ²καθὼς   γέγραπται ἐν ³τῷ   Ἠσαΐᾳ τῷ προφήτῃ·
   Lc 3,4   ὡς   γέγραπται ἐν βίβλῳ λόγων Ἠσαΐου τοῦ προφήτου·

5. Mt 3,3   om. (cf. 11,10)
   Mc 1,2   ἰδοὺ ἀποστέλλω τὸν ἄγγελόν μου πρὸ προσώπου σου, ὃς κατασκευάσει τὴν ὁδόν
             σου·
   Lc 3,4   om. (cf. 7,27)

6. Mt (11,10)   τὴν ὁδόν σου ἔμπροσθέν σου.
   Mc 1,2   τὴν ὁδόν σου·
   Lc (7,27)   τὴν ὁδόν σου ἔμπροσθέν σου.

7. Mt 3,1-2   Ἰωάννης ὁ βαπτιστὴς   κηρύσσων ... (2) [καὶ] λέγων· μετανοεῖτε·
   Mc 1,4   Ἰωάννης [ὁ] ªβαπτίζων... καὶ κηρύσσων ᵇβάπτισμα μετανοίας
   Lc 3,2-3   Ἰωάννην ... (3) καὶ ἦλθεν ... κηρύσσων βάπτισμα μετανοίας

8. Mt 3,5   τότε   ἐξεπορεύετο ...   Ἱεροσόλυμα καὶ πᾶσα
   Mc 1,5   ¹καὶ   ἐξεπορεύετο ... πᾶσα ... καὶ οἱ Ἱεροσολυμῖται ²πάντες,
   Lc 3,7   ἔλεγεν οὖν τοῖς ἐκπορευομένοις   ὄχλοις

9. Mt 3,5   πᾶσα ἡ Ἰουδαία καὶ πᾶσα ἡ περίχωρος τοῦ Ἰορδάνου,
   Mc 1,5   πᾶσα ἡ Ἰουδαία   χώρα
   Lc (3,3)   πᾶσαν [τὴν]   περίχωρον τοῦ Ἰορδάνου

§ 2. Mc 1,7-8; Mt 3,7-12; Lc 3,7-17

1. Mt 3,7-10   *Ioannes paenitentiam praedicat.*
   Mc 1,6   om.
   Lc 3,7-9   *Ioannes paenitentiam praedicat.*

2. Mt (3,7)   ἰδὼν δὲ πολλοὺς ...   εἶπεν   ¹αὐτοῖς·
   Mc 1,7   ²καὶ   ³ἐκήρυσσεν λέγων·
   Lc (3,7)   ἔλεγεν οὖν τοῖς ... ὄχλοις
   Lc 3,15-16 προσδοκῶντος δὲ τοῦ λαοῦ ..., (16) ἀπεκρίνατο λέγων   πᾶσιν

3. Mt 3,11   ἐγὼ ¹μὲν ὑμᾶς βαπτίζω ἐν ὕδατι...²//ὁ ³δὲ ὀπίσω μου ἐρχόμενος ἰσχυρότερος
   Mc 1,7-8   ἔρχεται ὁ ἰσχυρότερός μου ὀπίσω μου, ... (8) ἐγὼ ἐβάπτισα ὑμᾶς ὕδατι,
   Lc 3,16   ἐγὼ μὲν ὕδατι βαπτίζω ὑμᾶς·   //ἔρχεται δὲ ὁ ἰσχυρότερός μου,

4. Mt 3,11   οὗ οὐκ εἰμὶ ἱκανὸς   τὰ ὑποδήματα   βαστάσαι·
   Mc 1,7   οὗ οὐκ εἰμὶ ἱκανὸς κύψας λῦσαι τὸν ἱμάντα τῶν ὑποδημάτων αὐτοῦ.
   Lc 3,16   οὗ οὐκ εἰμὶ ἱκανὸς   λῦσαι τὸν ἱμάντα τῶν ὑποδημάτων αὐτοῦ·

5. Mt 3,11   ἐγὼ μὲν ὑμᾶς   βαπτίζω   ἐν ὕδατι εἰς μετάνοιαν· ὁ δὲ ὀπίσω μου
   Mc 1,8   ἐγὼ   ἐβάπτισα ὑμᾶς   ὕδατι,   αὐτὸς δὲ βαπτίσει
   Lc 3,16   ἐγὼ μὲν ὕδατι βαπτίζω ὑμᾶς·   ἔρχεται δέ

6. Mt 3,11   αὐτὸς   ὑμᾶς ¹/ βαπτίσει ⁽²⁾ἐν πνεύματι ἁγίῳ ³καὶ πυρί·
   Mc 1,8   αὐτὸς ⁴δὲ βαπτίσει ὑμᾶς   ἐν πνεύματι ἁγίῳ.
   Lc 3,16   αὐτὸς   ὑμᾶς / βαπτίσει ἐν πνεύματι ἁγίῳ καὶ πυρί·

7. Mt 3,12   οὗ τὸ πτύον ἐν τῇ χειρὶ αὐτοῦ, καὶ διακαθαριεῖ τὴν ἅλωνα αὐτοῦ,
               καὶ συνάξει τὸν σῖτον αὐτοῦ εἰς τὴν ἀποθήκην,
               τὸ δὲ ἄχυρον κατακαύσει πυρὶ ἀσβέστῳ.
   Mc 1,8   om.
   Lc 3,17   οὗ τὸ πτύον ἐν τῇ χειρὶ αὐτοῦ   διακαθᾶραι τὴν ἅλωνα αὐτοῦ
               καὶ συναγαγεῖν τὸν σῖτον   εἰς τὴν ἀποθήκην αὐτοῦ,
               τὸ δὲ ἄχυρον κατακαύσει πυρὶ ἀσβέστῳ.

§ 3. Mc 1,9-11; Mt 3,13-17; Lc 3,21-22

1. Mt 3,13   τότε παραγίνεται   ὁ Ἰησοῦς
     Mc 1,9   ¹καὶ ἐγένετο ²ἐν ἐκείναις ταῖς ἡμέραις ³ἦλθεν Ἰησοῦς
     Lc 3,21   ἐγένετο δὲ   ἐν τῷ βαπτισθῆναι ...   καὶ Ἰησοῦ βαπτισθέντος

2. Mt 3,13   ἀπὸ   τῆς Γαλιλαίας ... τοῦ ¹βαπτισθῆναι ὑπ᾽ αὐτοῦ.
     Mc 1,9   ἀπὸ ²Ναζαρὲτ τῆς Γαλιλαίας   καὶ ἐβαπτίσθη ... ὑπὸ Ἰωάννου.
     Lc 3,21   ἐν τῷ   βαπτισθῆναι ἅπαντα τὸν λαόν

3. Mt 3,16   ¹βαπτισθεὶς δὲ ὁ ²Ἰησοῦς
     Mc 1,9   καὶ   ἐβαπτίσθη   ³εἰς τὸν Ἰορδάνην
     Lc 3,21   καὶ Ἰησοῦ   βαπτισθέντος

4. Mt 3,16   καὶ ἰδοὺ   ¹ἠνεῴχθησαν [αὐτῷ] οἱ   οὐρανοί,   καὶ εἶδεν
     Mc 1,10   ²εἶδεν   σχιζομένους   τοὺς οὐρανοὺς   καὶ
     Lc 3,21-22   ἐγένετο δὲ ... ἀνεῳχθῆναι   τὸν   οὐρανὸν (22) καί

5. Mt 3,16   καὶ εἶδεν   [τὸ] πνεῦμα [τοῦ] θεοῦ
     Mc 1,10   καὶ   τὸ πνεῦμα
     Lc 3,22   καὶ καταβῆναι τὸ πνεῦμα τὸ ἅγιον

6. Mt 3,16   καταβαῖνον   ¹/ὡσεὶ περιστεράν,   [καὶ] ἐρχόμενον ²ἐπ᾽ αὐτόν·
     Mc 1,10   ὡς   περιστερὰν καταβαῖνον   εἰς αὐτόν·
     Lc 3,22   καταβῆναι ... /ὡς   περιστερὰν   ἐπ᾽ αὐτόν,

§ 4. Mc 1,12-13; Mt 4,1-11; Lc 4,1-13

1. Mt 4,1   τότε   ὁ ¹Ἰησοῦς   ²ἀνήχθη ...³//ὑπὸ τοῦ πνεύματος
     Mc 1,12   ⁴καὶ   ⁵εὐθὺς τὸ πνεῦμα αὐτὸν   ⁶ἐκβάλλει
     Lc 4,1   Ἰησοῦς δὲ ..., καὶ ἤγετο   //ἐν   τῷ πνεύματι

2. Mt 4,1   ἀνήχθη   εἰς τὴν ἔρημον
     Mc 1,12-13   ἐκβάλλει ᵃεἰς τὴν ἔρημον. (13) καὶ ᵇἦν ἐν τῇ ἐρήμῳ
     Lc 4,1   καὶ ἤγετο ...   ἐν τῇ ἐρήμῳ

3. Mt (4,2)   νηστεύσας ἡμέρας | τεσσεράκοντα καὶ νύκτας τεσσεράκοντα
   Mc 1,13   τεσσεράκοντα ἡμέρας   πειραζόμενος
   Lc   4,2   ἡμέρας | τεσσεράκοντα   πειραζόμενος

4. Mt 4,1   πειρασθῆναι ὑπὸ τοῦ ¹διαβόλου.
   Mc 1,13   ²ἦν ... πειραζόμενος ὑπὸ τοῦ σατανᾶ, ³καὶ ἦν μετὰ τῶν θηρίων,
   Lc 4,2   πειραζόμενος ὑπὸ τοῦ διαβόλου.

5. Mt 4,2   καὶ νηστεύσας ἡμέρας τεσσεράκοντα καὶ νύκτας τεσσεράκοντα   ὕστερον
              ἐπείνασεν.
   Mc 1,13   om.
   Lc 4,2   καὶ οὐκ ἔφαγεν οὐδὲν ἐν ταῖς ἡμέραις ἐκείναις, καὶ συντελεσθεισῶν αὐτῶν
              ἐπείνασεν.

6. Mt 4,3-10   Tentatio Jesu.
   Mc 1,13   om.
   Lc 4,3-12   Tentatio Jesu.

7. Mt 4,11   τότε   ἀφίησιν αὐτὸν ὁ διάβολος,
   Mc 1,13
   Lc 4,13   καὶ συντελέσας πάντα πειρασμὸν ὁ διάβολος ἀπέστη ἀπ' αὐτοῦ

§ 5. Mc 1,14-15; Mt 4,12-17; Lc 4,14-15

1. Mt 4,12-13   ἀνεχώρησεν   εἰς τὴν Γαλιλαίαν. (13) καὶ καταλιπὼν τὴν ¹Ναζαρά
   Mc 1,14   ²ἦλθεν ...   εἰς τὴν Γαλιλαίαν
   Lc 4,14   ὑπέστρεψεν ... εἰς τὴν Γαλιλαίαν·
   Lc (4,16)   καὶ ἦλθεν   εἰς   Ναζαρά

2. Mt 4,17   ἀπὸ τότε ἤρξατο ὁ 'Ιησοῦς κηρύσσειν καὶ λέγειν·
              μετανοεῖτε·   ἤγγικεν γὰρ ἡ βασιλεία τῶν οὐρανῶν.
   Mc 1,14-15 ἦλθεν ...   κηρύσσων ¹τὸ εὐαγγέλιον τοῦ θεοῦ (15) καὶ λέγων, ²ὅτι
              ³πεπλήρωται ὁ καιρὸς καὶ ἤγγικεν ἡ βασιλεία τοῦ θεοῦ·
              μετανοεῖτε καὶ ⁴πιστεύετε ἐν τῷ εὐαγγελίῳ.
   Lc 4,15   καὶ αὐτὸς ἐδίδασκεν ἐν ταῖς συναγωγαῖς αὐτῶν,

§ 6. Mc 1,16-20; Mt 4,18-22; (Lc 5,1-11)

1. Mt 4,18 περιπατῶν ¹δὲ παρὰ τὴν θάλασσαν ... εἶδεν ²δύο ἀδελφούς, Σίμωνα
   Mc 1,16 καὶ ³παράγων παρὰ τὴν θάλασσαν ... εἶδεν   Σίμωνα
   Lc 5,1-2 ἐγένετο δὲ ... ἑστὼς παρὰ τὴν λίμνην ..., (2) καὶ εἶδεν δύο πλοῖα

2. Mt 4,19 καὶ ποιήσω ὑμᾶς ἁλιεῖς ἀνθρώπων.
   Mc 1,17 καὶ ποιήσω ὑμᾶς γενέσθαι ἁλιεῖς ἀνθρώπων.
   Lc 5,10 ἀπὸ τοῦ νῦν   ἀνθρώπους ἔσῃ ζωγρῶν.

3. Mt 4,22 ἀφέντες τὸ πλοῖον καὶ τὸν πατέρα αὐτῶν
   Mc 1,20 ἀφέντες τὸν πατέρα αὐτῶν ¹Ζεβεδαῖον ἐν τῷ πλοίῳ ²μετὰ τῶν μισθωτῶν
   Lc 5,11 ἀφέντες πάντα

4. Mt 4,22 ἀφέντες τὸ πλοῖον ... ἠκολούθησαν αὐτῷ.
   Mc 1,20 ἀφέντες τὸν πατέρα ... ἀπῆλθον ὀπίσω αὐτοῦ.
   Lc 5,11 ἀφέντες πάντα ἠκολούθησαν αὐτῷ.

§ 7. Mc 1,21-22; Mt 7,28-29; Lc 4,31-32

1. Mt (4,13.15) καὶ ... ¹ἐλθὼν κατῴκησεν εἰς Καφαρναοὺμ ... (15) ... ²Γαλιλαία τῶν ἐθνῶν,
   Mc 1,21 καὶ ³εἰσπορεύονται εἰς Καφαρναούμ·
   Lc 4,31 καὶ κατῆλθεν εἰς Καφαρναοὺμ πόλιν τῆς Γαλιλαίας.

§ 8. Mc 1,23-28; (Mt 4,24); Lc 4,33-37

1. Mt (9,26) καὶ ἐξῆλθεν ἡ ¹φήμη αὕτη εἰς ὅλην τὴν γῆν ἐκείνην.
   Mt 4,24 καὶ ἀπῆλθεν ἡ ἀκοὴ αὐτοῦ εἰς ὅλην τὴν Συρίαν·
   Mc 1,28 καὶ ἐξῆλθεν ἡ ἀκοὴ αὐτοῦ ²εὐθὺς ³πανταχοῦ
             εἰς ὅλην τὴν περίχωρον ⁴τῆς Γαλιλαίας.
   Lc 4,37 καὶ ἐξεπορεύετο ἦχος περὶ αὐτοῦ
             εἰς πάντα τόπον τῆς περιχώρου.
   Lc (4,14) καὶ φήμη ἐξῆλθεν καθ' ὅλης τῆς περιχώρου περὶ αὐτοῦ.

§ 9. Mc 1,29-31; Mt 8,14-15; Lc 4,38-39

1. Mt 8,14   καὶ   ¹ἐλθὼν ὁ Ἰησοῦς εἰς
   Mc 1,29   καὶ ²εὐθὺς ἐκ τῆς συναγωγῆς ³ἐξελθόντες ἦλθον   εἰς
   Lc 4,38   ἀναστὰς δὲ ἀπὸ τῆς συναγωγῆς   εἰσῆλθεν   εἰς

2. Mt 8,14   εἰς τὴν οἰκίαν Πέτρου
   Mc 1,29   εἰς τὴν οἰκίαν Σίμωνος καὶ Ἀνδρέου ⌐μετὰ Ἰακώβου καὶ Ἰωάννου.
   Lc 4,38   εἰς τὴν οἰκίαν Σίμωνος.

3. Mt 8,14   εἶδεν ... βεβλημένην καὶ πυρέσσουσαν·
   Mc 1,30   ¹κατέκειτο   πυρέσσουσα,   καὶ ²εὐθὺς ³λέγουσιν αὐτῷ
   Lc 4,38   ἦν συνεχομένη πυρετῷ μεγάλῳ καὶ   ἠρώτησαν αὐτόν

4. Mt 8,15   καὶ   ἥψατο   τῆς χειρὸς ¹αὐτῆς,
   Mc 1,31   καὶ ²προσελθὼν ἤγειρεν αὐτὴν ³κρατήσας τῆς χειρός·
   Lc 4,39   καὶ ἐπιστὰς ἐπάνω αὐτῆς

5. Mt 8,15   καὶ ἀφῆκεν αὐτὴν ...· ‖καὶ ¹ἠγέρθη,
   Mc 1,31   καὶ ... ²ἤγειρεν αὐτὴν ...· καὶ ἀφῆκεν αὐτήν
   Lc 4,39   καὶ ἀφῆκεν αὐτήν· ‖ ... ἀναστᾶσα

§ 10. Mc 1,32-34; Mt 8,16-17; Lc 4,40-41

1. Mt 8,16   ὀψίας δὲ γενομένης
   Mc 1,32   ᵃὀψίας δὲ γενομένης, ᵇὅτε ἔδυ   ὁ ἥλιος,
   Lc 4,40   δύνοντος δὲ τοῦ ἡλίου

2. Mt 8,16   προσήνεγκαν   αὐτῷ
   Mc 1,32   ἔφερον   πρὸς αὐτόν
   Lc 4,40   ἤγαγον αὐτοὺς πρὸς αὐτόν·

3. Mt 8,16   (cf. v. 16b)   δαιμονιζομένους πολλούς·
   Mc 1,32   ¹πάντας ²ᵃτοὺς κακῶς ἔχοντας ᵇκαὶ τοὺς δαιμονιζομένους·
   Lc 4,40   ἀσθενοῦντας νόσοις ποικίλαις   (cf. v. 41)

4. Mt 8,16   om.
   Mc 1,33   καὶ ἦν ὅλη ἡ πόλις ἐπισυνηγμένη πρὸς τὴν θύραν.
   Lc 4,40   om.

5. Mt 8,16   καὶ   πάντας τοὺς κακῶς ἔχοντας ἐθεράπευσεν·
   Mc 1,34   καὶ ἐθεράπευσεν πολλοὺς   κακῶς ἔχοντας
   Lc 4,40   ὁ δὲ   ἑνὶ ἑκάστῳ αὐτῶν ...   ἐθεράπευεν αὐτούς.

6. Mt 8,16   καὶ ἐξέβαλεν || τὰ πνεύματα λόγῳ,
   Mc 1,34   καὶ δαιμόνια πολλὰ ἐξέβαλεν,
   Lc 4,41   ἐξήρχετο δὲ καὶ || δαιμόνια ἀπὸ πολλῶν,

§ 11. Mc 1,35-38; Lc 4,42-43

1. Mt (4,25)   καὶ ἠκολούθησαν αὐτῷ ὄχλοι πολλοί
   Mc 1,36-37   καὶ κατεδίωξεν   αὐτὸν Σίμων καὶ οἱ μετ' αὐτοῦ, (37) ... λέγουσιν αὐτῷ
                ὅτι πάντες   ζητοῦσίν σε.
   Lc 4,42   καὶ οἱ ὄχλοι ἐπεζήτουν   αὐτόν,

§ 12. Mc 1,39; (Mt 4,23); Lc 4,44

1. Mt 4,23   καὶ   κηρύσσων τὸ εὐαγγέλιον τῆς βασιλείας
   Mc 1,38-39   ἵνα ... κηρύξω· ... (39) καὶ ἦλθεν κηρύσσων
   Lc (4,43)   εὐαγγελίσασθαί με δεῖ   τὴν βασιλείαν τοῦ θεοῦ,

2. Mt 4,23   περιῆγεν   ἐν ὅλῃ τῇ Γαλιλαίᾳ,
                 ¹διδάσκων ἐν ταῖς συναγωγαῖς αὐτῶν καὶ κηρύσσων
   Mc 1,39   ²ἦλθεν κηρύσσων εἰς τὰς συναγωγὰς αὐτῶν ³εἰς ὅλην τὴν Γαλιλαίαν
   Lc 4,44   ἦν κηρύσσων εἰς τὰς συναγωγὰς   τῆς Ἰουδαίας.
   Lc (4,15)   ἐδίδασκεν ἐν ταῖς συναγωγαῖς αὐτῶν,

3. Mt 4,23   καὶ θεραπεύων πᾶσαν νόσον καὶ πᾶσαν μαλακίαν ἐν τῷ λαῷ.
   Mc 1,39   καὶ τὰ δαιμόνια ἐκβάλλων.
   Lc 4,44   om.

§ 13. Mc 1,40-45; (Mt 8,1-4); Lc 5,12-16

1. Mt 8,1   καταβάντος δὲ   αὐτοῦ ἀπὸ τοῦ ὄρους
   Mc 1,40   om.
   Lc 5,12   καὶ ἐγένετο ἐν τῷ εἶναι αὐτὸν ἐν μιᾷ τῶν πόλεων

2. Mt 8,2   καὶ ¹ἰδοὺ   λεπρὸς προσελθών
   Mc 1,40   καὶ ²ἔρχεται πρὸς ³αὐτὸν λεπρὸς   ⁴παρακαλῶν αὐτόν
   Lc 5,12   καὶ ἰδοὺ   ἀνὴρ πλήρης λέπρας·

3. Mt 8,2   προσεκύνει   αὐτῷ ¹/ λέγων·
   Mc 1,40   ² [καὶ γονυπετῶν]   καὶ λέγων ³αὐτῷ
   Lc 5,12   πεσὼν ἐπὶ πρόσωπον ἐδεήθη αὐτοῦ / λέγων·

4. Mt 8,2   [1]κύριε, ἐὰν θέλῃς, δύνασαί με καθαρίσαι.
Mc 1,40   [2]ὅτι   ἐὰν θέλῃς, δύνασαί με καθαρίσαι.
Lc 5,12   κύριε, ἐὰν θέλῃς, δύνασαί με καθαρίσαι.

5. Mt 8,3   καὶ   ἐκτείνας τὴν χεῖρα
Mc 1,41   [1](ὁ δὲ Ἰησοῦς) [2]σπλαγχνισθεὶς ἐκτείνας τὴν χεῖρα   N[26] καὶ
Lc 5,13   καὶ   ἐκτείνας τὴν χεῖρα

6. Mt 8,3   καὶ   ἐκτείνας τὴν χεῖρα ἥψατο [1]/αὐτοῦ   [2]λέγων·
Mc 1,41   καὶ ... ἐκτείνας τὴν χεῖρα αὐτοῦ   ἥψατο καὶ λέγει [3]αὐτῷ·
Lc 5,13   καὶ   ἐκτείνας τὴν χεῖρα ἥψατο /αὐτοῦ   λέγων·

7. Mt 8,3   καὶ   [1]εὐθέως ἐκαθαρίσθη αὐτοῦ ἡ λέπρα.
Mc 1,42   καὶ [2](εἰπόντος αὐτοῦ) εὐθὺς ἀπῆλθεν ἀπ᾽ αὐτοῦ ἡ λέπρα,   N[26] om
Lc 5,13   καὶ   εὐθέως ἡ λέπρα ἀπῆλθεν ἀπ᾽ αὐτοῦ.

8. Mt 8,3   ἐκαθαρίσθη αὐτοῦ ἡ λέπρα.
Mc 1,42   [a]ἀπῆλθεν ἀπ᾽ αὐτοῦ ἡ λέπρα, [b]καὶ ἐκαθαρίσθη.
Lc 5,13   ἡ λέπρα ἀπῆλθεν ἀπ᾽ αὐτοῦ.

9. Mt (9,30)   καὶ ἐνεβριμήθη   αὐτοῖς
Mt 8,3   om.
Mc 1,43   καὶ ἐμβριμησάμενος αὐτῷ εὐθὺς ἐξέβαλεν αὐτόν,
Lc 5,13   om.

10. Mt (9,30)   καὶ   [1]ἐνεβριμήθη   αὐτοῖς [2]ὁ Ἰησοῦς λέγων· ὁρᾶτε μηδεὶς   γινωσκέτω.
Mt 8,4   καὶ   λέγει   αὐτῷ   ὁ Ἰησοῦς·   ὅρα   μηδενὶ   εἴπῃς,
Mc 1,44   καὶ   λέγει   αὐτῷ·   ὅρα   μηδενὶ [3]μηδὲν εἴπῃς,
Lc 5,14   καὶ αὐτὸς παρήγγειλεν αὐτῷ   μηδενὶ   εἰπεῖν,

11. Mt 8,4   τὸ δῶρον ὃ προσέταξεν Μωϋσῆς,
Mc 1,44   ἃ προσέταξεν Μωϋσῆς,
Lc 5,14   καθὼς   προσέταξεν Μωϋσῆς,

12. Mt (9,31)   οἱ δὲ ἐξελθόντες   διεφήμισαν αὐτὸν ἐν ὅλῃ τῇ γῇ ἐκείνῃ.
Mt 8,4   om.
Mc 1,45   ⌜ὁ δὲ ἐξελθὼν⌝ ἤρξατο κηρύσσειν πολλὰ ⌜καὶ διαφημίζειν⌝ τὸν λόγον,
Lc 5,15   διήρχετο δὲ μᾶλλον   ὁ λόγος περὶ αὐτοῦ,

13. Mt 8   om.
Mc 1,45   ὥστε μηκέτι αὐτὸν δύνασθαι φανερῶς εἰς πόλιν εἰσελθεῖν, ἀλλ᾽ ἔξω
Lc 5,15   om.

§ 14. Mc 2,1-12; Mt 9,1-8; Lc 5,17-26

1. Mt 9,1   καὶ   ἦλθεν   εἰς τὴν ἰδίαν πόλιν.
   Mc 2,1   καὶ εἰσελθὼν ¹πάλιν εἰς Καφαρναοὺμ δι' ἡμερῶν ²ἠκούσθη ὅτι ἐν οἴκῳ ἐστίν.
   Lc 5,17   καὶ ἐγένετο   ἐν μιᾷ τῶν ἡμερῶν

2. Mt 9,1   om.
   Mc 2,2   ¹καὶ συνήχθησαν πολλοί, ὥστε μηκέτι χωρεῖν μηδὲ τὰ πρὸς τὴν θύραν,
             ²καὶ ἐλάλει αὐτοῖς τὸν λόγον.
   Lc 5,17   καὶ αὐτὸς ἦν διδάσκων, καὶ..., οἳ ἦσαν ἐληλυθότες ἐκ πάσης κώμης

3. Mt 9,2   καὶ ¹ἰδοὺ προσέφερον   αὐτῷ   παραλυτικόν
   Mc 2,3   καὶ ²ἔρχονται   φέροντες πρὸς αὐτὸν   παραλυτικόν
   Lc 5,18   καὶ ἰδοὺ ἄνδρες φέροντες ... ἄνθρωπον ὃς ἦν παραλελυμένος,

4. Mt 9,2   παραλυτικὸν ¹ἐπὶ κλίνης βεβλημένον.
   Mc 2,3   παραλυτικὸν   ²αἰρόμενον ὑπὸ τεσσάρων.
   Lc 5,18   ἐπὶ κλίνης ἄνθρωπον ὃς ἦν παραλελυμένος,

5. Mt 9,2   om.
   Mc 2,4   ¹ἀπεστέγασαν τὴν στέγην ²ὅπου ἦν⌉, καὶ ³ἐξορύξαντες
   Lc 5,19   διὰ τῶν κεράμων

6. Mt 9,2   om.
   Mc 2,4   χαλῶσι ¹τὸν κράβαττον ²ὅπου ὁ παραλυτικὸς κατέκειτο.
   Lc 5,19   καθῆκαν αὐτὸν σὺν τῷ κλινιδίῳ εἰς τὸ μέσον   ἔμπροσθεν τοῦ Ἰησοῦ.

7. Mt 9,2   καὶ ἰδὼν ὁ Ἰησοῦς τὴν πίστιν αὐτῶν εἶπεν τῷ παραλυτικῷ· θάρσει, τέκνον,
   Mc 2,5   καὶ ἰδὼν ὁ Ἰησοῦς τὴν πίστιν αὐτῶν λέγει τῷ παραλυτικῷ·   τέκνον,
   Lc 5,20   καὶ ἰδὼν   τὴν πίστιν αὐτῶν εἶπεν·   ἄνθρωπε,

8. Mt 9,2   (ἀφέωνταί) σου αἱ ἁμαρτίαι.   N²⁶ ἀφίενται
   Mc 2,5   ἀφίενταί   σου αἱ ἁμαρτίαι.
   Lc 5,20   ἀφέωνταί σοι αἱ ἁμαρτίαι σου.

9. Mt 9,3   ¹καὶ ἰδού τινες τῶν γραμματέων   ²εἶπαν ἐν ἑαυτοῖς·
   Mc 2,6   ἦσαν δέ   τινες τῶν γραμματέων ³ἐκεῖ καθήμενοι
             ⁴καὶ διαλογιζόμενοι ⁵ἐν ταῖς καρδίαις αὐτῶν·
   Lc 5,21   καὶ ἤρξαντο διαλογίζεσθαι οἱ γραμματεῖς καὶ οἱ Φαρισαῖοι λέγοντες·
   (5,17)   καὶ ἦσαν καθήμενοι Φαρισαῖοι καὶ νομοδιδάσκαλοι

10. Mt 9,3 οὗτος βλασφημεῖ·
　　Mc 2,7 ¹τί οὗτος ²οὕτως λαλεῖ; βλασφημεῖ·
　　Lc 5,21 τίς ἐστιν οὗτος ὃς λαλεῖ βλασφημίας;

11. Mt 9,4 καὶ ἰδὼν ὁ Ἰησοῦς
　　Mc 2,8 καὶ ¹εὐθὺς ἐπιγνοὺς ὁ Ἰησοῦς ²τῷ πνεύματι αὐτοῦ
　　Lc 5,22 ἐπιγνοὺς δὲ ὁ Ἰησοῦς

12. Mt 9,4 ¹τὰς ἐνθυμήσεις ²αὐτῶν
　　Mc 2,8 ³ὅτι οὕτως διαλογίζονται ἐν ἑαυτοῖς,
　　Lc 5,22 τοὺς διαλογισμοὺς αὐτῶν,

13. Mt 9,4 ¹εἶπεν· ἱνατί ἐνθυμεῖσθε πονηρά
　　Mc 2,8 λέγει αὐτοῖς· τί ²ταῦτα διαλογίζεσθε
　　Lc 5,22 ἀποκριθεὶς εἶπεν πρὸς αὐτούς· τί διαλογίζεσθε

14. Mt 9,5 εἰπεῖν· ⁽¹⁾(ἀφέωνταί) σου αἱ ἁμαρτίαι, N²⁶ ἀφίενται
　　Mc 2,9 εἰπεῖν ²τῷ παραλυτικῷ· ἀφίενταί σου αἱ ἁμαρτίαι,
　　Lc 5,23 εἰπεῖν· ἀφέωνταί σοι αἱ ἁμαρτίαι σου,

15. Mt 9,5 ἢ εἰπεῖν· ἔγειρε καὶ ⁽¹⁾περιπάτει;
　　Mc 2,9 ἢ εἰπεῖν· ἔγειρε ²καὶ ἆρον τὸν κράβαττόν σου καὶ (ὕπαγε); N²⁶ περιπάτει
　　Lc 5,23 ἢ εἰπεῖν· ἔγειρε καὶ περιπάτει;

16. Mt 9,6 ἐπὶ τῆς γῆς || ἀφιέναι ἁμαρτίας
　　Mc 2,10 ἀφιέναι ἁμαρτίας ἐπὶ τῆς γῆς,
　　Lc 5,24 ἐπὶ τῆς γῆς || ἀφιέναι ἁμαρτίας,

17. Mt 9,6 ἐγερθεὶς ἆρόν σου τὴν κλίνην καὶ ὕπαγε εἰς τὸν οἶκόν σου.
　　Mc 2,11 ἔγειρε ἆρον τὸν κράβαττόν σου καὶ ὕπαγε εἰς τὸν οἶκόν σου.
　　Lc 5,24 ἔγειρε καὶ ἄρας τὸ κλινίδιόν σου πορεύου εἰς τὸν οἶκόν σου.

18. Mt 9,7 καὶ ¹ἐγερθείς
　　Mc 2,12 καὶ ἠγέρθη καὶ ²εὐθὺς ἄρας ³τὸν κράβαττον
　　Lc 5,25 καὶ παραχρῆμα ἀναστὰς …, ἄρας ἐφ᾽ ὃ κατέκειτο,

19. Mt 9,7 ¹ἀπῆλθεν εἰς τὸν οἶκον αὐτοῦ.
　　Mc 2,12 ἐξῆλθεν ²ἔμπροσθεν πάντων,
　　Lc 5,25 ἐνώπιον αὐτῶν, … ἀπῆλθεν εἰς τὸν οἶκον αὐτοῦ

20. Mt 9,8 ἰδόντες δὲ οἱ ὄχλοι ¹ἐφοβήθησαν καὶ ἐδόξασαν τὸν θεόν
　　Mc 2,12 ²ὥστε ἐξίστασθαι πάντας καὶ δοξάζειν τὸν θεόν
　　Lc 5,26 καὶ ἔκστασις ἔλαβεν ἅπαντας, καὶ ἐδόξαζον τὸν θεόν, καὶ ἐπλήσθησαν φόβου

§ 15. Mc 2,13-17; Mt 9,9-13; Lc 5,27-32

1. Mt 9,9   καὶ   παράγων ὁ Ἰησοῦς ἐκεῖθεν
   Mc 2,13   καὶ   ἐξῆλθεν πάλιν παρὰ τὴν θάλασσαν·
   καὶ πᾶς ὁ ὄχλος ἤρχετο πρὸς αὐτόν, καὶ ἐδίδασκεν αὐτούς. (14) καὶ παράγων
   Lc 5,27   καὶ μετὰ ταῦτα ἐξῆλθεν, καί

2. Mt 9,9   εἶδεν   ἄνθρωπον ...,   Μαθθαῖον ¹λεγόμενον,
   Mc 2,14   εἶδεν   Λευὶν   ²τὸν τοῦ Ἀλφαίου
   Lc 5,27   ἐθεάσατο τελώνην ὀνόματι Λευίν

3. Mt 9,9   καὶ   ἀναστὰς (ἠκολούθει)   αὐτῷ.   N²⁶ -ησεν
   Mc 2,14   καὶ   ἀναστὰς ἠκολούθησεν αὐτῷ.
   Lc 5,28   καὶ καταλιπὼν πάντα ἀναστὰς ἠκολούθει   αὐτῷ.

4. Mt 9,10   καὶ ἐγένετο   αὐτοῦ ἀνακειμένου   ἐν τῇ οἰκίᾳ,
   Mc 2,15   καὶ γίνεται   κατακεῖσθαι αὐτὸν   ἐν τῇ οἰκίᾳ αὐτοῦ,
   Lc 5,29   καὶ ἐποίησεν δοχὴν μεγάλην Λευὶς αὐτῷ ἐν τῇ οἰκίᾳ αὐτοῦ·

5. Mt 9,10   om.
   Mc 2,15   ἦσαν γὰρ πολλοί, καὶ ἠκολούθουν αὐτῷ.
   Lc 5,29   om.

6. Mt 9,11   καὶ ἰδόντες   οἱ Φαρισαῖοι
   Mc 2,16   καὶ   οἱ γραμματεῖς τῶν Φαρισαίων ἰδόντες
   Lc 5,30   καὶ ἐγόγγυζον οἱ Φαρισαῖοι καὶ οἱ γραμματεῖς αὐτῶν

7. Mt 9,11   om.
   Mc 2,16   ὅτι ἐσθίει μετὰ τῶν ἁμαρτωλῶν καὶ τελωνῶν
   Lc 5,30   om.

8. Mt 9,11   ¹διὰ τί μετὰ τῶν τελωνῶν καὶ ἁμαρτωλῶν ἐσθίει   ὁ διδάσκαλος ²ὑμῶν ;
   Mc 2,16   ὅτι   μετὰ τῶν τελωνῶν καὶ ἁμαρτωλῶν ἐσθίει ;
   Lc 5,30   διὰ τί μετὰ τῶν τελωνῶν καὶ ἁμαρτωλῶν ἐσθίετε καὶ πίνετε ;

9. Mt 9,12   ὁ δὲ ἀκούσας   ¹εἶπεν·
   Mc 2,17   καὶ ἀκούσας   ὁ Ἰησοῦς λέγει   αὐτοῖς ²[ὅτι]
   Lc 5,31   καὶ   ἀποκριθεὶς ὁ Ἰησοῦς εἶπεν πρὸς αὐτούς.

§ 16. Mc 2,18-22; Mt 9,14-17; Lc 5,33-39

1. Mt 9,14   om.
   Mc 2,18   καὶ ἦσαν οἱ μαθηταὶ Ἰωάννου καὶ οἱ Φαρισαῖοι νηστεύοντες.
   Lc 5,33   om.

2. Mt 9,14   τότε ¹προσέρχονται αὐτῷ ²οἱ μαθηταὶ Ἰωάννου   λέγοντες·   διὰ τί
   Mc 2,18   ³καὶ   ἔρχονται   καὶ ⁴λέγουσιν αὐτῷ· διὰ τί
   Lc 5,33   οἱ δὲ   εἶπαν πρὸς αὐτόν·

3. Mt 9,14   ἡμεῖς   καὶ   οἱ Φαρισαῖοι νηστεύομεν [πολλά],
   Mc 2,18   οἱ μαθηταὶ Ἰωάννου καὶ οἱ μαθηταὶ τῶν Φαρισαίων νηστεύουσιν,
   Lc 5,33   οἱ μαθηταὶ Ἰωάννου νηστεύουσιν πυκνὰ ... καὶ οἱ τῶν Φαρισαίων,

4. Mt 9,15   om.
   Mc 2,19   ὅσον χρόνον ἔχουσιν τὸν νυμφίον μετ' αὐτῶν, οὐ δύνανται νηστεύειν.
   Lc 5,34   om.

5. Mt 9,16   οὐδεὶς δέ
   Mc 2,21   οὐδείς
   Lc 5,36   ἔλεγεν δὲ καὶ παραβολὴν πρὸς αὐτοὺς ὅτι οὐδείς

6. Mt 9,16   οὐδεὶς δὲ ἐπιβάλλει ἐπίβλημα ῥάκους ἀγνάφου
   Mc 2,21   οὐδεὶς   ἐπίβλημα ῥάκους ἀγνάφου   ἐπιράπτει
   Lc 5,36   οὐδεὶς   ἐπίβλημα ἀπὸ ἱματίου καινοῦ σχίσας ἐπιβάλλει

7. Mt 9,17   εἰ δὲ μή γε, ῥήγνυνται   οἱ ἀσκοί,
   Mc 2,22   εἰ δὲ μή,   ῥήξει ὁ οἶνος   τοὺς ἀσκούς,
   Lc 5,37   εἰ δὲ μή γε, ῥήξει ὁ οἶνος ὁ νέος τοὺς ἀσκούς,

8. Mt 9,17   καὶ ὁ οἶνος ¹ἐκχεῖται   καὶ οἱ ἀσκοὶ ²//³ἀπόλλυνται.
   Mc 2,22   καὶ ὁ οἶνος ἀπόλλυται   καὶ οἱ ἀσκοί.
   Lc 5,37   καὶ αὐτὸς ἐκχυθήσεται καὶ οἱ ἀσκοὶ // ἀπολοῦνται.

9. Mt 9,17   ἀλλὰ βάλλουσιν οἶνον νέον εἰς ἀσκοὺς καινούς,
   Mc 2,22   ἀλλὰ   οἶνον νέον εἰς ἀσκοὺς καινούς.
   Lc 5,38   ἀλλὰ   οἶνον νέον εἰς ἀσκοὺς καινοὺς βλητέον.

§ 17. Mc 2,23-28; Mt 12,1-8; Lc 6,1-5

1. Mt 12,1   ἐν ἐκείνῳ τῷ καιρῷ   ἐπορεύθη   ὁ Ἰησοῦς... διὰ τῶν σπορίμων·
    Mc 2,23   ¹καὶ ἐγένετο   αὐτὸν ... ²παραπορεύεσθαι   διὰ τῶν σπορίμων,
    Lc 6,1   ἐγένετο δὲ ...   διαπορεύεσθαι αὐτὸν   διὰ σπορίμων,

2. Mt 12,1   οἱ δὲ μαθηταὶ αὐτοῦ..., καὶ ἤρξαντο   τίλλειν
    Mc 2,23   καὶ οἱ μαθηταὶ αὐτοῦ   ἤρξαντο ὁδὸν ποιεῖν τίλλοντες
    Lc 6,1   καὶ   ἔτιλλον   οἱ μαθηταὶ αὐτοῦ

3. Mt 12,1   τίλλειν   στάχυας καὶ ἐσθίειν.
    Mc 2,23   τίλλοντες τοὺς στάχυας.
    Lc 6,1   ἔτιλλον ...   καὶ ἤσθιον τοὺς στάχυας ψώχοντες ταῖς χερσίν.

4. Mt 12,2   οἱ   ¹δὲ   Φαρισαῖοι ἰδόντες ²εἶπαν αὐτῷ·
    Mc 2,24   καὶ οἱ   Φαρισαῖοι   ἔλεγον αὐτῷ·
    Lc 6,2   τινὲς δὲ τῶν Φαρισαίων   εἶπαν·

5. Mt 12,2   ἰδοὺ οἱ μαθηταί σου ποιοῦσιν ὃ οὐκ ἔξεστιν ⁽¹⁾ποιεῖν ²//ἐν σαββάτῳ.
    Mc 2,24   ἴδε τί   ποιοῦσιν   τοῖς σάββασιν ὃ οὐκ ἔξεστιν ;
    Lc 6,2   τί   ποιεῖτε ὃ οὐκ ἔξεστιν (ποιεῖν) //τοῖς σάββασιν ; N²⁶ om

6. Mt 12,3   ¹ὁ δὲ   ²εἶπεν   αὐτοῖς·
    Mc 2,25   καὶ   λέγει   αὐτοῖς·
    Lc 6,3   καὶ ἀποκριθεὶς πρὸς αὐτοὺς εἶπεν ὁ Ἰησοῦς·

7. Mt 12,3   οὐκ   ἀνέγνωτε τί ἐποίησεν Δαυίδ, ὅτε
    Mc 2,25   οὐδέποτε   ἀνέγνωτε τί ἐποίησεν Δαυίδ, ὅτε
    Lc 6,3   οὐδὲ   τοῦτο ἀνέγνωτε ὃ ἐποίησεν Δαυίδ, ὅτε

8. Mt 12,3   ὅτε   ἐπείνασεν   καὶ οἱ μετ' αὐτοῦ;
    Mc 2,25   ὅτε   χρείαν ἔσχεν καὶ ἐπείνασεν αὐτὸς καὶ οἱ μετ' αὐτοῦ;
    Lc 6,3   ὅτε   ἐπείνασεν αὐτὸς καὶ οἱ μετ' αὐτοῦ [ὄντες];

9. Mt 12,4   πῶς εἰσῆλθεν εἰς τὸν οἶκον τοῦ θεοῦ
    Mc 2,26   πῶς εἰσῆλθεν εἰς τὸν οἶκον τοῦ θεοῦ ἐπὶ Ἀβιαθὰρ ἀρχιερέως
    Lc 6,4   [ὡς] εἰσῆλθεν εἰς τὸν οἶκον τοῦ θεοῦ

10. Mt 12,4   ὃ οὐκ ἐξὸν ἦν αὐτῷ φαγεῖν οὐδὲ τοῖς ¹μετ' αὐτοῦ, ²//εἰ μὴ τοῖς ἱερεῦσιν ³μόνοις ;
    Mc 2,26   οὓς οὐκ ἔξεστιν φαγεῖν εἰ μὴ τοὺς ἱερεῖς, καὶ ἔδωκεν καὶ τοῖς σὺν αὐτῷ ⁴οὖσιν ;
    Lc 6,4   καὶ ἔδωκεν τοῖς μετ' αὐτοῦ, οὓς οὐκ ἔξεστιν φαγεῖν //εἰ μὴ μόνους τοὺς ἱερεῖς ;

11. Mt 12,7   om.
    Mc 2,27   τὸ σάββατον διὰ τὸν ἄνθρωπον ἐγένετο, καὶ οὐχ ὁ ἄνθρωπος διὰ τὸ σάββατον·
    Lc   6,5   om.

12. Mt 12,8   κύριος γάρ ἐστιν τοῦ σαββάτου ¹// ὁ υἱὸς τοῦ ἀνθρώπου.
    Mc 2,28   ²ὥστε κύριός   ἐστιν ὁ υἱὸς τοῦ ἀνθρώπου ³καὶ τοῦ σαββάτου.
    Lc   6,5   κύριός   ἐστιν τοῦ σαββάτου // ὁ υἱὸς τοῦ ἀνθρώπου.

§ 18a. Mc 3,1-6; Mt 12,9-14; Lc 6,6-11

1. Mt 12,9   καὶ μεταβὰς ἐκεῖθεν   ἦλθεν   εἰς ⁽¹⁾τὴν συναγωγὴν αὐτῶν.
   Mc 3,1   καὶ   εἰσῆλθεν ²πάλιν εἰς τὴν συναγωγήν.
   Lc   6,6   ἐγένετο δὲ ἐν ἑτέρῳ σαββάτῳ εἰσελθεῖν αὐτὸν εἰς τὴν συναγωγὴν καὶ διδάσκειν·

2. Mt 12,10   καὶ ἰδοὺ   ἄνθρωπος   χεῖρα   ἔχων   ¹//²ξηράν·
   Mc 3,1   καὶ ἦν   ἐκεῖ ἄνθρωπος ἐξηραμμένην   ἔχων τὴν χεῖρα·
   Lc   6,6   καὶ ἦν   ἄνθρωπος ἐκεῖ καὶ ἡ χεὶρ αὐτοῦ ἡ δεξιὰ ἦν   // ξηρά·

3. Mt 12,10   καὶ ἐπηρώτησαν   αὐτὸν λέγοντες· (cf. v. 9 : αὐτῶν)
   Mc 3,2   καὶ παρετήρουν   αὐτόν
   Lc   6,7   παρετηροῦντο δὲ αὐτὸν οἱ γραμματεῖς καὶ οἱ Φαρισαῖοι

4. Mt 12,10   εἰ ἔξεστιν τοῖς σάββασιν θεραπεῦσαι ;
   Mc 3,2   εἰ   τοῖς σάββασιν θεραπεύσει αὐτόν,
   Lc   6,7   εἰ   ἐν τῷ σαββάτῳ θεραπεύει,

5. Mt 12,11   ¹ὁ ²δὲ ³εἶπεν   αὐτοῖς·
   Mc 3,4   καὶ λέγει   αὐτοῖς·
   Lc   6,9   εἶπεν δὲ ὁ Ἰησοῦς πρὸς αὐτούς·

6. Mt (12,10)   καὶ ¹ἐπηρώτησαν   αὐτὸν λέγοντες·   ²εἰ ἔξεστιν
   Mc 3,4   καὶ λέγει   αὐτοῖς·   ἔξεστιν
   Lc   6,9   εἶπεν δὲ ὁ Ἰησοῦς πρὸς αὐτούς· ἐπερωτῶ ὑμᾶς εἰ ἔξεστιν

7. Mt 12,12   om.
   Mc 3,4   οἱ δὲ ἐσιώπων.
   Lc   6,9   om.

8. Mt 12,12   om.
   Mc 3,5   καὶ περιβλεψάμενος   αὐτοὺς μετ᾽ ὀργῆς, συλλυπούμενος ἐπὶ τῇ πωρώσει
                 τῆς καρδίας αὐτῶν,
   Lc   6,10   καὶ περιβλεψάμενος πάντας αὐτοὺς

9. Mt 12,13   ἔκτεινόν σου τὴν χεῖρα.
   Mc 3,5   ἔκτεινον   τὴν χεῖρα.
   Lc 6,10   ἔκτεινον   τὴν χεῖρά σου.

10. Mt 12,14   ἐξελθόντες ¹δὲ οἱ Φαρισαῖοι
    Mc 3,6   καὶ ἐξελθόντες οἱ Φαρισαῖοι ²εὐθὺς ³μετὰ τῶν Ἡρῳδιανῶν
    Lc 6,11   αὐτοὶ   δὲ ἐπλήσθησαν ἀνοίας,

11. Mt 12,14   συμβούλιον ἔλαβον   κατ' αὐτοῦ,
    Mc 3,6   συμβούλιον ἐδίδουν   κατ' αὐτοῦ,
    Lc 6,11   καὶ διελάλουν πρὸς ἀλλήλους

§ 18b. Mc 3,1-6; Mt 12,9-14; (Lc 14,1-6)

1. Mt 12,9   καὶ μεταβὰς ἐκεῖθεν ἦλθεν   εἰς τὴν συναγωγὴν αὐτῶν.
   Mc 3,1   καὶ   εἰσῆλθεν πάλιν εἰς τὴν συναγωγήν.
   Lc 14,1   καὶ ἐγένετο ἐν τῷ ἐλθεῖν αὐτὸν εἰς οἶκόν τινος τῶν ἀρχόντων

2. Mt 12,10   καὶ ἰδοὺ   ἄνθρωπος   χεῖρα   ἔχων ξηράν·
   Mc 3,1   καὶ ἦν ἐκεῖ ἄνθρωπος   ἐξηραμμένην ἔχων τὴν χεῖρα·
   Lc 14,2   καὶ ἰδοὺ   ἄνθρωπός τις ἦν ὑδρωπικὸς   ἔμπροσθεν αὐτοῦ.

3. Mt 12,10   καὶ ἐπηρώτησαν αὐτὸν   λέγοντες·
   Mc 3,2   καὶ παρετήρουν αὐτόν
   Lc 14,3   καὶ ἀποκριθεὶς ὁ Ἰησοῦς εἶπεν πρὸς τοὺς ... λέγων·

4. Mt 12,10   εἰ ἔξεστιν τοῖς σάββασιν θεραπεῦσαι ;
   Mc 3,2   εἰ   τοῖς σάββασιν θεραπεύσει αὐτόν,
   Lc 14,3   ἔξεστιν τῷ σαββάτῳ θεραπεῦσαι ἢ οὔ ;

5. Mt (12,10) εἰ   ἔξεστιν τοῖς σάββασιν θεραπεῦσαι
   Mt 12,12   ὥστε ἔξεστιν τοῖς σάββασιν καλῶς ποιεῖν.
   Mc 3,4   ἔξεστιν τοῖς σάββασιν ἀγαθὸν ποιῆσαι
   Lc 14,3   ἔξεστιν τῷ σαββάτῳ θεραπεῦσαι

6. Mt 12,11   ὁ δὲ εἶπεν αὐτοῖς· τίς ἔσται ἐξ ὑμῶν ἄνθρωπος ὃς ἕξει πρόβατον ἕν,
             καὶ ἐὰν ἐμπέσῃ τοῦτο τοῖς σάββασιν εἰς βόθυνον,
             οὐχὶ κρατήσει αὐτὸ καὶ ἐγερεῖ ;
   Mc 3,4   om.
   Lc 14,5   καὶ πρὸς αὐτοὺς εἶπεν· τίνος ὑμῶν υἱὸς ἢ βοῦς
             εἰς φρέαρ πεσεῖται,
             καὶ οὐκ εὐθέως ἀνασπάσει αὐτὸν ἐν ἡμέρᾳ τοῦ σαββάτου ;

§ 19. Mc 3,7-12; Mt (4,24-25); 12,15-16; Lc 6,17-19

1. Mt 12,15　ὁ δὲ Ἰησοῦς γνοὺς　　　　　　　ἀνεχώρησεν ἐκεῖθεν.
   Mc 3,7　　καὶ ὁ Ἰησοῦς　μετὰ τῶν μαθητῶν αὐτοῦ ἀνεχώρησεν πρὸς τὴν θάλασσαν·
   Lc 6,17　　καὶ καταβὰς　μετ᾽ αὐτῶν　　　ἔστη ἐπὶ τόπου πεδινοῦ,

2. Mt (4,25)　καὶ ἠκολούθησαν αὐτῷ ¹ὄχλοι πολλοὶ ἀπὸ τῆς Γαλιλαίας
   Mt 12,15　καὶ ἠκολούθησαν αὐτῷ [ὄχλοι]πολλοί,
   Mc 3,7-8　καὶ ²ᵃπολὺ πλῆθος ἀπὸ τῆς Γαλιλαίας[ἠκολούθησεν·]καὶ ...(8) ... ᵇπλῆθος πολύ,
   ... ἦλθον πρὸς αὐτόν.
   Lc 6,17-18　καὶ ὄχλος πολὺς μαθητῶν αὐτοῦ, καὶ πλῆθος πολὺ τοῦ λαοῦ ... (18) οἳ ἦλθον

3. Mt 4,25　　　　ἀπὸ τῆς Γαλιλαίας　καὶ　　　Δεκαπόλεως　καὶ　Ἱεροσολύμων
   καὶ　　　Ἰουδαίας　καὶ πέραν τοῦ Ἰορδάνου.
   Mc 3,7-8　　　ἀπὸ τῆς Γαλιλαίας ... καὶ ¹ἀπὸ　τῆς Ἰουδαίας (8) καὶ ἀπὸ Ἱεροσολύμων
   ²καὶ ἀπὸ τῆς Ἰδουμαίας ³ᵃκαὶ πέραν τοῦ Ἰορδάνου　ᵇκαὶ περὶ Τύρον καὶ Σ.
   Lc 6,17　　　ἀπὸ　　　　πάσης τῆς Ἰουδαίας　καὶ　Ἱερουσαλὴμ
   καὶ　　　τῆς παραλίου Τύρου καὶ Σ.

4. Mt 12,15　om.
   Mc 3,9　　καὶ εἶπεν τοῖς μαθηταῖς αὐτοῦ ἵνα πλοιάριον προσκαρτερῇ αὐτῷ διὰ τὸν
   ὄχλον, ἵνα μὴ θλίβωσιν αὐτόν·
   Lc 6,18　　om.

5. Mt 12,15　¹καὶ　　　ἐθεράπευσεν αὐτοὺς ²πάντας,
   Mc 3,10　　πολλοὺς ³γὰρ ἐθεράπευσεν,　　　⁴ὥστε ἐπιπίπτειν αὐτῷ
   Lc 6,19　　καὶ　　　ἰᾶτο　　　πάντας.

6. Mt (4,24)　πάντας τοὺς κακῶς ἔχοντας ποικίλαις ¹νόσοις ²καὶ
   Mc 3,10　　ὅσοι εἶχον μάστιγας.
   Lc 6,18　　καὶ ἰαθῆναι　　　ἀπὸ τῶν νόσων αὐτῶν, καὶ

7. Mt 12,15　om.
   Mc 3,11　　καὶ τὰ πνεύματα τὰ ἀκάθαρτα, ὅταν αὐτὸν ἐθεώρουν, προσέπιπτον αὐτῷ⌉
   καὶ ἔκραζον λέγοντες ὅτι σὺ εἶ ὁ υἱὸς τοῦ θεοῦ.
   Lc 6,18　　καὶ οἱ ἐνοχλούμενοι ἀπὸ πνευμάτων ἀκαθάρτων ἐθεραπεύοντο·
   Lc (4,41)　κρ[αυγ]άζοντα καὶ λέγοντα ὅτι σὺ εἶ ὁ υἱὸς τοῦ θεοῦ.

8. Mt 12,16　καὶ　　　ἐπετίμησεν αὐτοῖς ἵνα μὴ φανερὸν ¹// αὐτὸν ποιήσωσιν·
   Mc 3,12　　καὶ ²πολλὰ ἐπετίμα　αὐτοῖς　ἵνα μὴ αὐτὸν φανερὸν ποιήσωσιν.
   Lc (4,41)　καὶ　　　ἐπιτιμῶν ...,　ὅτι ᾔδεισαν // τὸν χριστὸν αὐτὸν εἶναι.

9. Mt 5-7　　Sermo Jesu.
   Mc 3,12(19)　om.
   Lc 6,20-49　Sermo Jesu.

§ 20. Mc 3,13-19; (Mt 10,1-4); (Lc 6,12-16)

1. Mt (5,1) ἰδὼν ¹δὲ τοὺς ὄχλους   ἀνέβη   εἰς τὸ ὄρος·
   Mc 3,13   καὶ   ²ἀναβαίνει   εἰς τὸ ὄρος,
   Lc 6,12   ἐγένετο δὲ ἐν ταῖς ἡμέραις ταύταις ἐξελθεῖν αὐτὸν εἰς τὸ ὄρος προσεύξασθαι,

2. Mt (5,1) καὶ ...   προσῆλθαν αὐτῷ ¹οἱ μαθηταὶ αὐτοῦ.
   Mc 3,13   καὶ ²ᵃπροσκαλεῖται οὓς ἤθελεν αὐτός, καὶ ᵇἀπῆλθον πρὸς αὐτόν.
   Lc 6,13   καὶ ... προσεφώνησεν τοὺς μαθητὰς αὐτοῦ,

3. Mt 10,1   καὶ προσκαλεσάμενος ¹τοὺς δώδεκα μαθητὰς αὐτοῦ
   Mc 3,13   καὶ ²προσκαλεῖται   ³οὓς ἤθελεν αὐτός,   ⁴καὶ ἀπῆλθον πρὸς αὐτόν.
   Lc 6,13   προσεφώνησεν   τοὺς   μαθητὰς αὐτοῦ, καὶ ἐκλεξάμενος ἀπ' αὐ-
             τῶν δώδεκα,

4. Mt 10,1   τοὺς δώδεκα μαθητὰς αὐτοῦ ἔδωκεν αὐτοῖς
             ἐξουσίαν πνευμάτων ἀκαθάρτων ὥστε ἐκβάλλειν αὐτά,
   Mc 3,14-15 καὶ ἐποίησεν δώδεκα ἵνα ὦσιν μετ' αὐτοῦ, καὶ ἵνα ἀποστέλλῃ αὐτοὺς κηρύσσειν
             (15) καὶ ἔχειν ἐξουσίαν ἐκβάλλειν τὰ δαιμόνια·
   Lc 6,13   καὶ ἐκλεξάμενος ἀπ' αὐτῶν δώδεκα, οὓς καὶ ἀποστόλους ὠνόμασεν,

5. Mt 10,2   τῶν δὲ δώδεκα ⁽¹⁾ἀποστόλων τὰ ὀνόματά ἐστιν ταῦτα·
   Mc 3,14.16 ᵃᵃκαὶ ἐποίησεν δώδεκα [οὓς καὶ ἀποστόλους ὠνόμασεν] ἵνα ἀποστέλλῃ αὐτοὺς ...
             (16) ᵇ[καὶ ἐποίησεν τοὺς δώδεκα,]
   Lc 6,13   οὓς καὶ   ἀποστόλους ὠνόμασεν,

6. Mt 10,2   πρῶτος Σίμων   ¹ὁ λεγόμενος   Πέτρος
   Mc 3,16   καὶ ἐποίησεν τοὺς δώδεκα, ²καὶ ἐπέθηκεν ὄνομα τῷ Σίμωνι Πέτρον·
   Lc 6,14   Σίμωνα,   ὃν καὶ ὠνόμασεν   Πέτρον,

7. Mt 10,2-4 *Apostoli bini et bini recensentur.*
   Mc 3,16-19 *Tabula duodecim.*
   Lc 6,14-16 *Apostoli bini et bini recensentur.*

8. Mt 10,2   Σίμων ... καὶ Ἀνδρέας ¹ὁ ἀδελφὸς αὐτοῦ, ²// καὶ Ἰάκωβος ... καὶ Ἰωάννης
   Mc 3,16-18 Σίμωνι ... (17) καὶ Ἰάκωβον ...   καὶ Ἰωάννην ... (18) καὶ Ἀνδρέαν
   Lc 6,14   Σίμωνα... καὶ Ἀνδρέαν τὸν ἀδελφὸν αὐτοῦ, // καὶ Ἰάκωβον καὶ Ἰωάννην,

9. Mt 10,2   Ἰάκωβος ὁ τοῦ Ζεβεδαίου καὶ Ἰωάννης ὁ ἀδελφὸς αὐτοῦ,
   Mc 3,17   Ἰάκωβον τὸν τοῦ Ζεβεδαίου καὶ Ἰωάννην τὸν ἀδελφὸν ¹τοῦ Ἰακώβου,
             ²καὶ ἐπέθηκεν αὐτοῖς ὀνόμα[τα] Βοανηργές, ὅ ἐστιν υἱοὶ βροντῆς·
   Lc 6,14   Ἰάκωβον   καὶ Ἰωάννην,

10. Mt 10,3-4 καὶ (Λεββαῖος), (4) Σίμων ὁ Καναναῖος N²⁶ Θαδδαῖος
    Mc 3,18   καὶ Θαδδαῖον καὶ Σίμωνα τὸν Καναναῖον
    Lc 6,15-16   καὶ Σίμωνα τὸν καλούμενον ζηλωτήν, (16) καὶ Ἰούδαν

11. Mt 10,4 καὶ Ἰούδας ὁ Ἰσκαριώτης ὁ καὶ   παραδοὺς αὐτόν.
  Mc 3,19 καὶ Ἰούδαν Ἰσκαριώθ, ὃς καὶ   παρέδωκεν αὐτόν.
  Lc 6,16 καὶ Ἰούδαν Ἰσκαριώθ, ὃς ἐγένετο προδότης.

§ 21. Mc 3,20-21

1. Mt   om.
  Mc 3,20-21 καὶ ἔρχεται εἰς οἶκον· καὶ συνέρχεται πάλιν ὁ ὄχλος, ὥστε μὴ δύνασθαι αὐτοὺς
       μηδὲ ἄρτον φαγεῖν. (21) καὶ ἀκούσαντες οἱ παρ᾽ αὐτοῦ ἐξῆλθον κρατῆσαι αὐτόν·
       ἔλεγον γὰρ ὅτι ἐξέστη.
  Lc   om.

§ 22. Mc 3,22-30; Mt 12,22-32; (Lc 11,14-23)

1. Mt 12,22 τότε προσηνέχθη αὐτῷ ¹δαιμονιζόμενος τυφλὸς καὶ κωφός·
  Mt (9,32-33) ἰδοὺ προσήνεγκαν αὐτῷ ... κωφὸν δαιμονιζόμενον. (33) καὶ ²ἐκβληθέντος
  Mc 3,22 om.
  Lc 11,14 καὶ ἦν ἐκβάλλων δαιμόνιον,[καὶ αὐτὸ ἦν] κωφόν·... τοῦ δαιμονίου

2. Mt 12,22 καὶ ἐθεράπευσεν αὐτόν, ὥστε τὸν κωφὸν λαλεῖν καὶ βλέπειν.
  Mt (9,33) καὶ ἐκβληθέντος τοῦ δαιμονίου   ἐλάλησεν ὁ κωφός.
  Mc 3,22 om.
  Lc 11,14 ἐγένετο δὲ   τοῦ δαιμονίου ἐξελθόντος ἐλάλησεν ὁ κωφός·

3. Mt 12,23 καὶ ἐξίσταντο πάντες οἱ ὄχλοι
  Mt (9,33) καὶ ἐθαύμασαν   οἱ ὄχλοι
  Mc 3,22 om.
  Lc 11,14 καὶ ἐθαύμασαν   οἱ ὄχλοι·

4. Mt 12,24 οἱ ¹δὲ Φαρισαῖοι ἀκούσαντες   ²εἶπον·
  Mt (9,34) οἱ δὲ Φαρισαῖοι   ἔλεγον·
  Mc 3,22 καὶ οἱ γραμματεῖς ³οἱ ἀπὸ Ἱεροσολύμων καταβάντες ἔλεγον
  Lc 11,15 τινὲς δὲ ἐξ αὐτῶν   εἶπον·

5. Mt 12,24 εἰ μὴ ¹ἐν τῷ Βεελζεβοὺλ   ἄρχοντι τῶν δαιμονίων.
  Mt (9,34)   ἐν τῷ ἄρχοντι τῶν δαιμονίων
  Mc 3,22 ²ὅτι Βεελζεβοὺλ ἔχει, καὶ ὅτι ἐν τῷ ἄρχοντι τῶν δαιμονίων
  Lc 11,15   ἐν Βεελζεβοὺλ τῷ ἄρχοντι τῶν δαιμονίων

6. Mt 12,25 ¹εἰδὼς δὲ τὰς ἐνθυμήσεις αὐτῶν ²εἶπεν αὐτοῖς·
  Mc 3,23 καὶ ³προσκαλεσάμενος αὐτοὺς ἐν παραβολαῖς ἔλεγεν αὐτοῖς·
  Lc 11,17 αὐτὸς δὲ εἰδὼς αὐτῶν τὰ διανοήματα εἶπεν αὐτοῖς·

7. Mt(12,26)　καὶ εἰ ὁ σατανᾶς τὸν σατανᾶν ἐκβάλλει,
   Mt 12,25　om.
   Mc 3,23　⌜πῶς δύναται⌝ σατανᾶς σατανᾶν ἐκ̲β̲ά̲λ̲λ̲ε̲ι̲ν̲ ;
   Lc 11,17　om.

8. Mt 12,25　¹πᾶσα βασιλεία μερισθεῖσα καθ' ἑαυτῆς ἐρημοῦται,
   Mc 3,24　²κ̲α̲ὶ̲ ̲ἐ̲ὰ̲ν̲ ̲β̲α̲σ̲ι̲λ̲ε̲ί̲α̲ ̲ἐ̲φ̲'̲ ̲ἑ̲α̲υ̲τ̲ὴ̲ν̲ ̲μ̲ε̲ρ̲ι̲σ̲θ̲ῇ̲,̲ ³ο̲ὐ̲ ̲δ̲ύ̲ν̲α̲τ̲α̲ι̲ ̲σ̲τ̲α̲θ̲ῆ̲ν̲α̲ι̲ ̲ἡ̲ ̲β̲α̲σ̲ι̲λ̲ε̲ί̲α̲ ̲ἐ̲κ̲ε̲ί̲ν̲η̲·̲
   Lc 11,17　π̲ᾶ̲σ̲α̲ βασιλεία ἐφ' ἑαυτὴν διαμερισθεῖσα ἐρημοῦται,

9. Mt 12,26　καὶ εἰ ὁ σατανᾶς τὸν σατανᾶν ἐκβάλλει,　ἐφ' ἑαυτὸν ἐμερίσθη·
   Mc 3,26　καὶ εἰ ὁ σατανᾶς ¹ἀ̲ν̲έ̲σ̲τ̲η̲ ἐφ' ἑαυτὸν ²κ̲α̲ὶ̲　　ἐμερίσθη,
   Lc 11,18　εἰ δὲ καὶ ὁ σατανᾶς　　　ἐφ' ἑαυτὸν διεμερίσθη,

10. Mt 12,26　¹πῶς οὖν σταθήσεται ἡ βασιλεία αὐτοῦ ;
   Mc 3,26　²οὐ δύναται στῆναι　　　ἀ̲λ̲λ̲ὰ̲ ̲τ̲έ̲λ̲ο̲ς̲ ̲ἔ̲χ̲ε̲ι̲.̲
   Lc 11,18　π̲ῶ̲ς̲ σταθήσεται ἡ βασιλεία αὐτοῦ ;

11. Mt 12,27　κ̲α̲ὶ̲ ̲ε̲ἰ̲ ̲ἐ̲γ̲ὼ̲ ̲ἐ̲ν̲ ̲Β̲ε̲ε̲λ̲ζ̲ε̲β̲ο̲ὺ̲λ̲ ἐκβάλλω τὰ δαιμόνια, ο̲ἱ̲ ̲υ̲ἱ̲ο̲ὶ̲ ̲ὑ̲μ̲ῶ̲ν̲ ̲ἐ̲ν̲ ̲τ̲ί̲ν̲ι̲ ̲ἐ̲κ̲β̲ά̲λ̲λ̲ο̲υ̲σ̲ι̲ν̲ ;
              δ̲ι̲ὰ̲ ̲τ̲ο̲ῦ̲τ̲ο̲ ̲α̲ὐ̲τ̲ο̲ὶ̲ ̲κ̲ρ̲ι̲τ̲α̲ὶ̲ ̲ἔ̲σ̲ο̲ν̲τ̲α̲ι̲ ̲ὑ̲μ̲ῶ̲ν̲.̲
   Mc 3,26　om.
   Lc 11,19　ε̲ἰ̲ ̲δ̲ὲ̲ ̲ἐ̲γ̲ὼ̲ ̲ἐ̲ν̲ ̲Β̲ε̲ε̲λ̲ζ̲ε̲β̲ο̲ὺ̲λ̲ ἐκβάλλω τὰ δαιμόνια, ο̲ἱ̲ ̲υ̲ἱ̲ο̲ὶ̲ ̲ὑ̲μ̲ῶ̲ν̲ ̲ἐ̲ν̲ ̲τ̲ί̲ν̲ι̲ ̲ἐ̲κ̲β̲ά̲λ̲λ̲ο̲υ̲σ̲ι̲ν̲ ;
              δ̲ι̲ὰ̲ ̲τ̲ο̲ῦ̲τ̲ο̲ ̲α̲ὐ̲τ̲ο̲ὶ̲ ̲ὑ̲μ̲ῶ̲ν̲ ̲κ̲ρ̲ι̲τ̲α̲ὶ̲ ̲ἔ̲σ̲ο̲ν̲τ̲α̲ι̲.̲

12. Mt 12,28　εἰ δὲ ἐν πνεύματι θεοῦ ἐγὼ ἐκβάλλω τὰ δαιμόνια, ἄρα ἔφθασεν ἐφ' ὑμᾶς ἡ
              β̲α̲σ̲ι̲λ̲ε̲ί̲α̲ ̲τ̲ο̲ῦ̲ ̲θ̲ε̲ο̲ῦ̲.̲
   Mc 3,26　om.
   Lc 11,20　εἰ δὲ ἐν δακτύλῳ θεοῦ [ἐγὼ] ἐκβάλλω τὰ δαιμόνια, ἄρα ἔφθασεν ἐφ' ὑμᾶς ἡ
              β̲α̲σ̲ι̲λ̲ε̲ί̲α̲ ̲τ̲ο̲ῦ̲ ̲θ̲ε̲ο̲ῦ̲.̲

13. Mt 12,29　ἢ πῶς δύναται..., ἐὰν μὴ πρῶτον δήσῃ ¹/ τὸν ἰσχυρόν ;
   Mc 3,27　²ἀλλ' οὐ δύναται..., ἐὰν μὴ πρῶτον τὸν ἰσχυρὸν δήσῃ,
   Lc 11,21-22　ὅ̲τ̲α̲ν̲.̲.̲.̲·̲　(22) ἐ̲π̲ὰ̲ν̲ ̲δ̲ὲ̲.̲.̲.̲ ̲ἐ̲π̲ε̲λ̲θ̲ὼ̲ν̲ ̲ν̲ι̲κ̲ή̲σ̲ῃ̲ | αὐτόν,

14. Mt 12,30　ὁ μὴ ὢν μετ' ἐμοῦ κατ' ἐμοῦ ἐστιν, καὶ ὁ μὴ συνάγων μετ' ἐμοῦ σκορπίζει.
   Mc 3,27　om.
   Lc 11,23　ὁ μὴ ὢν μετ' ἐμοῦ κατ' ἐμοῦ ἐστιν, καὶ ὁ μὴ συνάγων μετ' ἐμοῦ σκορπίζει.

15. Mt 12,31　om.
   Mc 3,28　ὅ̲σ̲α̲ ̲ἐ̲ὰ̲ν̲ ̲β̲λ̲α̲σ̲φ̲η̲μ̲ή̲σ̲ω̲σ̲ι̲ν̲·̲
   Lc (12,10)　om.

16. Mt 12,32　κ̲α̲ὶ̲ ̲ὃ̲ς̲ ἐὰν εἴπῃ λόγον κατὰ τοῦ υἱοῦ τοῦ ἀνθρώπου, ἀφεθήσεται αυτῷ·
   Mc 3,28　om.
   Lc (12,10)　κ̲α̲ὶ̲ ̲π̲ᾶ̲ς̲ ̲ὃ̲ς̲ ̲ἐ̲ρ̲ε̲ῖ̲ λόγον εἰς τὸν υἱὸν τοῦ ἀνθρώπου, ἀφεθήσεται αυτῷ·

17. Mt 12,32　οὐκ ¹ἀφεθήσεται αυτῷ οὔτε ἐν τούτῳ τῷ αἰῶνι οὔτε ἐν τῷ μέλλοντι.
   Mc 3,29　οὐκ ²ἔ̲χ̲ε̲ι̲ ἄφεσιν ³ε̲ἰ̲ς̲ ̲τ̲ὸ̲ν̲ ̲α̲ἰ̲ῶ̲ν̲α̲,̲ ⁴ἀ̲λ̲λ̲ὰ̲ ̲ἔ̲ν̲ο̲χ̲ό̲ς̲ ̲ἐ̲σ̲τ̲ι̲ν̲ ̲α̲ἰ̲ω̲ν̲ί̲ο̲υ̲ ̲ἁ̲μ̲α̲ρ̲τ̲ή̲μ̲α̲τ̲ο̲ς̲.̲
   Lc (12,10)　οὐκ ἀ̲φ̲ε̲θ̲ή̲σ̲ε̲τ̲α̲ι̲.̲

18. Mt   om.
    Mc   3,30   ὅτι ἔλεγον· πνεῦμα ἀκάθαρτον ἔχει.
    Lc   om.

§ 23. Mc 3,31-35; Mt 12,46-50; (Lc 8,19-21)

1. Mt 12,46   ¹ἔτι αὐτοῦ λαλοῦντος τοῖς ὄχλοις, ἰδοὺ   ἡ μήτηρ
   Mc   3,31   ²καὶ   ³ἔρχεται ἡ μήτηρ ⁴αὐτοῦ
   Lc   8,19   παρεγένετο δὲ πρὸς αὐτὸν ἡ μήτηρ
   Lc (11,27) ἐγένετο δὲ ἐν τῷ λέγειν αὐτὸν ταῦτα ...γυνὴ ἐκ τοῦ ὄχλου

2. Mt 12,46   ¹εἱστήκεισαν ἔξω   ζητοῦντες   ²αὐτῷ λαλῆσαι.
   Mc   3,31   καὶ ἔξω στήκοντες ³ἀπέστειλαν πρὸς αὐτὸν καλοῦντες αὐτόν.
   Lc 8,19-20 καὶ οὐκ ἠδύναντο   συντυχεῖν   αὐτῷ διὰ τὸν ὄχλον. (20) ... ἑστήκασιν ἔξω

3. Mt 12,46   om.
   Mc   3,32   καὶ ἐκάθητο περὶ αὐτὸν ὄχλος,
   Lc   8,19   διὰ τὸν ὄχλον.

4. Mt [12,47] [εἶπεν ¹δέ τις αὐτῷ·... καὶ οἱ ἀδελφοί σου]
   Mc   3,32   καὶ ²λέγουσιν αὐτῷ·... καὶ οἱ ἀδελφοί σου ³ [καὶ αἱ ἀδελφαί σου]
   Lc   8,20   ἀπηγγέλη δὲ αὐτῷ·... καὶ οἱ ἀδελφοί σου

5. Mt [12,47] [ἔξω ἑστήκασιν ζητοῦντές σοι λαλῆσαι.]
   Mc   3,32   ἔξω   ζητοῦσίν σε.
   Lc   8,20   ἑστήκασιν ἔξω ἰδεῖν θέλοντές σε.

6. Mt 12,48   ¹ὁ δὲ ἀποκριθεὶς ²εἶπεν ³/ τῷ λέγοντι αὐτῷ·
   Mc   3,33   καὶ ἀποκριθεὶς ⁴αὐτοῖς λέγει·
   Lc   8,21   ὁ δὲ ἀποκριθεὶς εἶπεν / πρὸς αὐτούς·

7. Mt 12,49   καὶ ἐκτείνας τὴν χεῖρα αὐτοῦ ἐπὶ τοὺς μαθητὰς αὐτοῦ ¹εἶπεν·
   Mc   3,34   καὶ ²περιβλεψάμενος τοὺς περὶ αὐτὸν κύκλῳ καθημένους λέγει·
   Lc   8,21   ὁ δὲ ἀποκριθεὶς   εἶπεν πρὸς αὐτούς·

§ 24. Mc 4,1-9; Mt 13,1-9; Lc 8,4-8

1. Mt 13,1   ἐν τῇ ἡμέρᾳ ἐκείνῃ ἐξελθὼν ὁ Ἰησοῦς τῆς οἰκίας ἐκάθητο παρὰ τὴν θάλασσαν·
     Mc 4,1   καὶ πάλιν   ἤρξατο διδάσκειν παρὰ τὴν θάλασσαν·
     Lc 8,4   συνιόντος δέ

2. Mt 13,2   καὶ συνήχθησαν πρὸς αὐτὸν ὄχλοι ¹πολλοί,
     Mc 4,1   καὶ ²συνάγεται   πρὸς αὐτὸν ὄχλος πλεῖστος,
     Lc 8,4   συνιόντος δὲ   ὄχλου πολλοῦ καὶ ... ἐπιπορευομένων πρὸς αὐτόν

3. Mt 13,3   καὶ ἐλάλησεν αὐτοῖς πολλὰ ἐν παραβολαῖς   λέγων·
     Mc 4,2   καὶ ¹ἐδίδασκεν αὐτοὺς ἐν παραβολαῖς πολλά, καὶ ²ἔλεγεν
     Lc 8,4   εἶπεν   διὰ παραβολῆς·

4. Mt 13,3   λέγων·
     Mc 4,2-3   καὶ ἔλεγεν ¹αὐτοῖς ²ἐν τῇ διδαχῇ αὐτοῦ·ⁿ(3) ³ἀκούετε.
     Lc 8,4   εἶπεν διὰ παραβολῆς·

5. Mt 13,3   ἰδοὺ ἐξῆλθεν ὁ σπείρων τοῦ σπείρειν.
     Mc 4,3   ἰδοὺ ἐξῆλθεν ὁ σπείρων   σπεῖραι.
     Lc 8,5   ἐξῆλθεν ὁ σπείρων τοῦ σπεῖραι τὸν σπόρον αὐτοῦ.

6. Mt 13,4   καὶ   ἐν τῷ σπείρειν ¹αὐτόν
     Mc 4,4   καὶ ²ἐγένετο ἐν τῷ σπείρειν
     Lc 8,5   καὶ   ἐν τῷ σπείρειν   αὐτόν

7. Mt 13,4   καὶ ἐλθόντα τὰ πετεινὰ   κατέφαγεν αὐτά.
     Mc 4,4   καὶ ἦλθεν τὰ πετεινὰ   καὶ κατέφαγεν αὐτό.
     Lc 8,5   καὶ   τὰ πετεινὰ τοῦ οὐρανοῦ   κατέφαγεν αὐτό.

8. Mt 13,7   ἐπὶ τὰς   ἀκάνθας,   καὶ ... ⁽¹⁾ἔπνιξαν   αὐτά.
     Mc 4,7   ²εἰς τὰς   ἀκάνθας,   καὶ ... συνέπνιξαν αὐτό, ³καὶ καρπὸν οὐκ ἔδωκεν.
     Lc 8,7   ἐν μέσῳ τῶν ἀκανθῶν, καὶ ... ἀπέπνιξαν   αὐτό.

9. Mt 13,8   καὶ   ἐδίδου   καρπόν,
     Mc 4,8   καὶ   ἐδίδου   καρπὸν ¹ἀναβαίνοντα καὶ αὐξανόμενα ²καὶ ἔφερεν
     Lc 8,8   καὶ φυὲν ἐποίησεν καρπόν

10. Mt 13,8   ὃ μὲν ἑκατόν, ὃ δὲ ἑξήκοντα, ὃ δὲ τριάκοντα.
     Mc 4,8   ἓν τριάκοντα καὶ ἓν ἑξήκοντα καὶ ἓν ἑκατόν.
     Lc 8,8   ἑκατονταπλασίονα.

11. Mt 13,9   ¹ὁ ἔχων ὦτα   ἀκουέτω.
     Mc 4,9   ²καὶ ἔλεγεν·   ὃς ἔχει ὦτα ἀκούειν ἀκουέτω.
     Lc 8,8   ταῦτα λέγων ἐφώνει· ὁ ἔχων ὦτα ἀκούειν ἀκουέτω.

§ 25. Mc 4,10-12; Mt 13,10-15; Lc 8,9-10

1. Mt 13,10   καὶ   προσελθόντες οἱ ¹μαθηταὶ   εἶπαν αὐτῷ·
   Mc 4,10   καὶ ²ὅτε ἐγένετο κατὰ μόνας, ἠρώτων αὐτὸν οἱ ³περὶ αὐτὸν ⁴σὺν τοῖς δώδεκα
   Lc 8,9   ἐπηρώτων δὲ αὐτὸν οἱ μαθηταὶ αὐτοῦ

2. Mt 13,10   εἶπαν   αὐτῷ· διὰ ¹τί   ἐν παραβολαῖς λαλεῖς ... ;
   Mc 4,10   ἠρώτων   αὐτὸν ...   ²τὰς παραβολάς.
   Lc 8,9   ἐπηρώτων δὲ αὐτὸν ...   τίς αὕτη εἴη ἡ παραβολή.

3. Mt 13,11   ¹ὁ δὲ ἀποκριθεὶς ²εἶπεν·   αὐτοῖς·
   Mc 4,11   καὶ   ἔλεγεν ⁽³⁾αὐτοῖς·
   Lc 8,10   ὁ δὲ   εἶπεν·

4. Mt 13,11   ὑμῖν δέδοται ¹//²γνῶναι ³τὰ μυστήρια τῆς βασιλείας τῶν οὐρανῶν,
   Mc 4,11   ὑμῖν τὸ μυστήριον δέδοται   τῆς βασιλείας τοῦ θεοῦ·
   Lc 8,10   ὑμῖν δέδοται || γνῶναι τὰ μυστήρια τῆς βασιλείας τοῦ θεοῦ,

5. Mt 13,11.13 ἐκείνοις δὲ ...(13)... ἐν παραβολαῖς αὐτοῖς λαλῶ,
   Mc 4,11   ἐκείνοις δὲ ¹τοῖς ἔξω ἐν παραβολαῖς ²τὰ πάντα γίνεται,
   Lc 8,10   τοῖς   δὲ λοιποῖς ἐν παραβολαῖς,

6. Mt 13,13   ὅτι βλέποντες   ¹οὐ βλέπουσιν
              καὶ ἀκούοντες   οὐκ ἀκούουσιν οὐδὲ συνίουσιν.
   Mc 4,12   ἵνα βλέποντες ²βλέπωσιν καὶ μὴ ἴδωσιν,
              καὶ ἀκούοντες ²ἀκούωσιν καὶ μὴ συνιῶσιν,
   Lc 8,10   ἵνα βλέποντες   μὴ βλέπωσιν
              καὶ ἀκούοντες   μὴ συνιῶσιν.

7. Mt 13,15   μήποτε ... καὶ ἐπιστρέψωσιν, καὶ ἰάσομαι αὐτούς.
   Mc 4,12   μήποτε   ἐπιστρέψωσιν καὶ ἀφεθῇ   αὐτοῖς.
   Lc 8,10   om.

§ 26. Mc 4,13-20; Mt 13,18-23; Lc 8,11-15

1. Mt 13,18   om.
   Mc 4,13   καὶ λέγει αὐτοῖς·
   Lc 8,11   om.

2. Mt 13,18   ὑμεῖς οὖν ἀκούσατε τὴν παραβολὴν τοῦ σπείραντος.
   Mc 4,13   οὐκ οἴδατε   τὴν παραβολὴν ταύτην,
              καὶ πῶς πάσας τὰς παραβολὰς γνώσεσθε ;
   Lc 8,11   ἔστιν δὲ αὕτη   ἡ παραβολή.

3. Mt 13,19   παντὸς ἀκούοντος τὸν λόγον ¹τῆς βασιλείας
    Mc 4,14   ὁ σπείρων   τὸν λόγον   ²σπείρει.
    Lc 8,11   ὁ σπόρος ἐστὶν   ὁ λόγος τοῦ θεοῦ.

4. Mt 13,19   παντὸς ¹ἀκούοντος τὸν λόγον τῆς βασιλείας
    Mc 4,15   ²ὅπου σπείρεται ὁ λόγος, ³καὶ ὅταν ἀκούσωσιν,
    Lc 8,12   οἱ   ἀκούσαντες,

5. Mt 13,19   ἔρχεται ὁ πονηρός
    Mc 4,15   ¹εὐθὺς ἔρχεται ὁ ²σατανᾶς
    Lc 8,12   εἶτα ἔρχεται ὁ διάβολος

6. Mt 13,19   καὶ ἁρπάζει   τὸ ἐσπαρμένον ἐν ¹τῇ καρδίᾳ αὐτοῦ·
    Mc 4,15   καὶ αἴρει   ²ᵃτὸν λόγον ᵇτὸν ἐσπαρμένον ³εἰς αὐτούς.
    Lc 8,12   καὶ αἴρει   τὸν λόγον   ἀπὸ τῆς καρδίας αὐτῶν,

7. Mt 13,20   ὁ ¹δὲ   ἐπὶ τὰ πετρώδη σπαρείς, οὗτός ἐστιν ὁ
    Mc 4,16   καὶ οὗτοί εἰσιν ⁽²⁾(ὁμοίως) οἱ ἐπὶ τὰ πετρώδη σπειρόμενοι,   οἳ ὅταν   N²⁶ om
    Lc 8,13   οἱ δὲ   ἐπὶ τῆς πέτρας   οἳ ὅταν

8. Mt 13,21   γενομένης δὲ θλίψεως ἢ διωγμοῦ
    Mc 4,17   εἶτα γενομένης   θλίψεως ἢ διωγμοῦ
    Lc 8,13   καὶ ἐν καιρῷ πειρασμοῦ

9. Mt 13,22   ¹ὁ δὲ   εἰς τὰς ἀκάνθας σπαρείς,
    Mc 4,18   ²καὶ ἄλλοι εἰσὶν οἱ εἰς τὰς ἀκάνθας σπειρόμενοι·
    Lc 8,14   τὸ δὲ   εἰς τὰς ἀκάνθας πεσόν,

10. Mt 13,22   καὶ ἡ ἀπάτη τοῦ ⁽¹⁾πλούτου
    Mc 4,19   καὶ ἡ ἀπάτη τοῦ (κόσμου) καὶ ²αἱ περὶ τὰ λοιπὰ ἐπιθυμίαι   N²⁶ πλούτου
    Lc 8,14   καὶ   πλούτου καὶ ἡδονῶν τοῦ βίου

11. Mt 13,23   ¹ὁ δὲ   ἐπὶ τὴν καλὴν ²/ γῆν   σπαρείς, ³// ⁴οὗτός ἐστιν
    Mc 4,20   ⁵καὶ ἐκεῖνοί εἰσιν οἱ ἐπὶ τὴν γῆν τὴν καλὴν σπαρέντες,
    Lc 8,15   τὸ δὲ   ἐν τῇ καλῇ / γῇ,   // οὗτοί εἰσιν

12. Mt 13,23   ὁ τὸν λόγον ἀκούων   καὶ συνιείς,
    Mc 4,20   οἵτινες   ἀκούουσιν τὸν λόγον καὶ παραδέχονται
    Lc 8,15   οἵτινες ... ἀκούσαντες τὸν λόγον   κατέχουσιν

§ 27. Mc 4,21-25 ; Lc 8,16-18

1. Mt (5,15)　　　　　　　　　¹οὐδὲ　　καίουσιν λύχνον
　 Mc　4,21　²καὶ ἔλεγεν αὐτοῖς·　μήτι　³ἔρχεται ὁ λύχνος...;
　 Lc　8,16　　　　　　　　　οὐδεὶς δὲ　　　λύχνον ἅψας
　 Lc (11,33)　　　　　　　　οὐδεὶς　　　　λύχνον ἅψας

2. Mt (5,15)　καὶ ¹τιθέασιν αὐτὸν ²/ ὑπὸ τὸν μόδιον,　　　　　³ἀλλ' ἐπὶ τὴν λυχνίαν,
　 Mc　4,21　⁴ἵνα ὑπὸ τὸν μόδιον　τεθῇ ἢ ὑπὸ τὴν κλίνην ;　οὐχ ἵνα ἐπὶ τὴν λυχνίαν
　 Lc　8,16　　καλύπτει αὐτὸν / σκεύει ἢ ὑποκάτω κλίνης τίθησιν, ἀλλ' ἐπὶ　　λυχνίας
　 Lc (11,33)　εἰς κρύπτην τίθησιν / οὐδὲ ὑπὸ τὸν μόδιον,　　　　ἀλλ' ἐπὶ τὴν λυχνίαν,

3. Mt (5,15)　καὶ λάμπει πᾶσιν τοῖς ἐν τῇ οἰκίᾳ.
　 Mc　4,21　om.
　 Lc　8,16　ἵνα οἱ εἰσπορευόμενοι βλέπωσιν τὸ φῶς.
　 Lc (11,33)　ἵνα οἱ εἰσπορευόμενοι τὸ φῶς βλέπωσιν.

4. Mt (10,26)　¹οὐδὲν γάρ ἐστιν　κεκαλυμμένον　　ὃ οὐκ ἀποκαλυφθήσεται,
　　　　　　　　　　　　　καὶ　　　κρυπτὸν　　　ὃ οὐ γνωσθήσεται.
　 Mc　4,22　　οὐ　γάρ ἐστίν ⁽²⁾(τι)　κρυπτόν, ἐὰν μὴ ἵνα φανερωθῇ·　　　N²⁶ om
　　　　　　　　　οὐδὲ　ἐγένετο ἀπόκρυφον,　ἀλλ' ἵνα ἔλθῃ εἰς φανερόν.
　 Lc　8,17　　οὐ　γάρ ἐστι　κρυπτὸν　ὃ οὐ　　　φανερὸν γενήσεται,
　　　　　　　　　οὐδὲ　　ἀπόκρυφον　ὃ οὐ μὴ γνωσθῇ καὶ εἰς φανερὸν ἔλθῃ.
　 Lc (12,2)　οὐδὲν δὲ　συγκεκαλυμμένον ἐστὶν ὃ οὐκ ἀποκαλυφθήσεται,
　　　　　　　　　καὶ　　　κρυπτὸν　　ὃ οὐ γνωσθήσεται.

5. Mt (11,15)　¹ὁ ἔχων　ὦτα　　ἀκουέτω.
　 Mt 13,23　om.
　 Mc　4,23　²εἴ τις ἔχει ὦτα ἀκούειν ἀκουέτω.
　 Lc　8,17　om.
　 Lc (14,35)　ὁ ἔχων　ὦτα ἀκούειν ἀκουέτω.

6. Mt (6,33)　καὶ ¹ταῦτα πάντα προστεθήσεται ὑμῖν.
　 Mt (7,2)　　　　　　²καὶ ἐν ᾧ　μέτρῳ μετρεῖτε μετρηθήσεται ὑμῖν.
　 Mt 13,23　om.
　 Mc　4,24　³καὶ ἔλεγεν αὐτοῖς· ... ⁴ἐν ᾧ　μέτρῳ μετρεῖτε μετρηθήσεται ὑμῖν,
　　　　　　　⁵καὶ　　　　προστεθήσεται ὑμῖν.
　 Lc　8,18　om.
　 Lc (6,38)　　　　　　ᾧ γὰρ μέτρῳ μετρεῖτε ἀντιμετρηθήσεται ὑμῖν.
　 Lc (12,31)　καὶ ταῦτα　　προστεθήσεται ὑμῖν.

§ 28. Mc 4,26-29

§ 29. Mc 4,30-32; Mt 13,31-32; (Lc 13,18-19)

1. Mt 13,31   ἄλλην ... λέγων·   ¹ὁμοία ἐστὶν   ἡ βασιλεία ...   κόκκῳ
   Mc 4,30-31   ²καὶ ἔλεγεν·   πῶς ὁμοιώσωμεν τὴν βασιλείαν... ; (31) ³ὡς   κόκκῳ
   Lc 13,18-19 ἔλεγεν οὖν·   τίνι ὁμοία ἐστὶν   ἡ βασιλεία ... ; (19) ὁμοία ἐστὶν κόκκῳ

2. Mt 13,31-32 ¹ὃν λαβὼν ἄνθρωπος ἔσπειρεν ἐν τῷ ἀγρῷ ²αὐτοῦ· (32) ὃ μικρότερον
   Mc 4,31   ὃς ³ὅταν   σπαρῇ ⁴ἐπὶ τῆς γῆς,   μικρότερον ⁵ὂν
   Lc 13,19   ὃν λαβὼν ἄνθρωπος ἔβαλεν εἰς   κῆπον ἑαυτοῦ,

3. Mt 13,32   πάντων τῶν σπερμάτων,   ὅταν δὲ   ¹αὐξηθῇ,
   Mc 4,31-32   πάντων τῶν σπερμάτων ²τῶν ἐπὶ τῆς γῆς, (32) καὶ ὅταν ³σπαρῇ, ἀναβαίνει
   Lc 13,19   καὶ   ηὔξησεν

4. Mt 13,32   γίνεται ¹δένδρον,   ὥστε ... κατασκηνοῦν ²//³ἐν τοῖς κλάδοις αὐτοῦ.
   Mc 4,32   ⁴ποιεῖ κλάδους μεγάλους, ὥστε δύνασθαι ὑπὸ τὴν σκιὰν αὐτοῦ ... κατασκηνοῦν.
   Lc 13,19   ἐγένετο εἰς δένδρον, καὶ ... κατεσκήνωσεν // ἐν τοῖς κλάδοις αὐτοῦ.

5. Mt 13,33   Parabola fermenti.
   Mc 4,32   om.
   Lc 13,20-21 Parabola fermenti.

§ 30. Mc 4,33-34; Mt 13,34-35

§ 31. Mc 4,35-41; (Mt 8,18-27); Lc 8,22-25

1. Mt 8,18   ἰδὼν   ¹δὲ ²ὁ Ἰησοῦς ὄχλον περὶ αὐτὸν   ἐκέλευσεν ἀπελθεῖν
   Mc 4,35   καὶ ³λέγει αὐτοῖς ἐν ⁴ἐκείνῃ τῇ ἡμέρᾳ ⁵ὀψίας γενομένης·
   Lc 8,22   ἐγένετο δὲ   ἐν μιᾷ τῶν ἡμερῶν καὶ αὐτὸς ...,   καὶ εἶπεν πρὸς αὐτούς·

2. Mt (13,36)   τότε ἀφεὶς τοὺς ὄχλους
   Mt 8,23   om.
   Mc 4,36   ¹καὶ ἀφέντες τὸν ὄχλον παραλαμβάνουσιν αὐτὸν ὡς ἦν ἐν τῷ πλοίῳ, ²καὶ ἄλλα
                πλοῖα ἦν μετ᾽ αὐτοῦ.
   Lc 8,22   καὶ ἀνήχθησαν.

3. Mt 8,23   καὶ ¹ἐμβάντι αὐτῷ   ²εἰς τὸ πλοῖον,
   Mc 4,36   καί ... ³παραλαμβάνουσιν αὐτὸν ὡς ἦν ἐν τῷ πλοίῳ,
   Lc 8,22   καὶ   αὐτὸς ἐνέβη   εἰς   πλοῖον

4. Mt 8,23　ἠκολούθησαν αὐτῷ οἱ μαθηταὶ αὐτοῦ.
　Mc 4,36　καὶ ἄλλα πλοῖα　ἦν μετ᾽ αὐτοῦ.
　Lc 8,22　　　　καὶ οἱ μαθηταὶ αὐτοῦ,

5. Mt 8,24　καὶ ἰδοὺ　σεισμὸς μέγας　ἐγένετο [1]ἐν τῇ θαλάσσῃ,
　Mc 4,37　καὶ [2]γίνεται λαῖλαψ μεγάλη ἀνέμου,
　Lc 8,23　καὶ κατέβη λαῖλαψ　ἀνέμου εἰς τὴν λίμνην,

6. Mt 8,24　ὥστε τὸ πλοῖον καλύπτεσθαι ὑπὸ τῶν κυμάτων·
　Mc 4,37　καὶ τὰ κύματα ἐπέβαλλεν εἰς τὸ πλοῖον, [1]ὥστε [2]ἤδη⌐ γεμίζεσθαι τὸ πλοῖον.
　Lc 8,23　καὶ συνεπληροῦντο καὶ ἐκινδύνευον.

7. Mt 8,24　αὐτὸς [1]δὲ　　　　　　　　　　　ἐκάθευδεν.
　Mc 4,38　καὶ αὐτὸς ἦν [2]ἐν τῇ πρύμνῃ ἐπὶ τὸ προσκεφάλαιον [3]καθεύδων.
　Lc (8,23)　πλεόντων δὲ αὐτῶν　　　　　　ἀφύπνωσεν.

8. Mt 8,25　καὶ [1]προσελθόντες [2]ἤγειραν　αὐτὸν　[3]λέγοντες·
　Mc 4,38　καὶ　　　　ἐγείρουσιν αὐτὸν καὶ λέγουσιν [4]αὐτῷ·
　Lc 8,24　προσελθόντες δὲ διήγειραν　αὐτὸν　λέγοντες·

9. Mt 8,25-26　κύριε,　　　　　　σῶσον, ἀπολλύμεθα. (26) ... τότε ἐγερθείς
　Mc 4,38-39　[1]διδάσκαλε,　[2]οὐ μέλει σοι ὅτι ἀπολλύμεθα ; (39) [3]καὶ διεγερθείς
　Lc 8,24　ἐπιστάτα ἐπιστάτα,　　ἀπολλύμεθα.　　　ὁ δὲ διεγερθείς

10. Mt 8,26　ἐπετίμησεν τοῖς ἀνέμοις καὶ　τῇ θαλάσσῃ,
　Mc 4,39　ἐπετίμησεν τῷ　ἀνέμῳ καὶ εἶπεν τῇ θαλάσσῃ·　σιώπα, πεφίμωσο.
　Lc 8,24　ἐπετίμησεν τῷ　ἀνέμῳ καὶ　τῷ κλύδωνι τοῦ ὕδατος·

11. Mt (8,26)　　　　　καὶ ἐγένετο γαλήνη μεγάλη.
　Mc 4,39　καὶ ἐκόπασεν ὁ ἄνεμος, καὶ ἐγένετο γαλήνη μεγάλη.
　Lc 8,24　καὶ ἐπαύσαντο.　καὶ ἐγένετο γαλήνη.

12. Mt (8,26)　καὶ λέγει αὐτοῖς· τί δειλοί ἐστε,　ὀλιγόπιστοι ;
　Mc 4,40　καὶ εἶπεν αὐτοῖς· [a]τί δειλοί ἐστε ; [b]οὔπω ἔχετε πίστιν ;
　Lc 8,25　εἶπεν δὲ αὐτοῖς·　　πού　ἡ πίστις ὑμῶν ;

13. Mt 8,27　οἱ [1]δὲ ἄνθρωποι　　[2]ἐθαύμασαν [3]λέγοντες·
　Mc 4,41　καὶ ἐφοβήθησαν [4]φόβον μέγαν,　καὶ ἔλεγον πρὸς ἀλλήλους·
　Lc 8,25　φοβηθέντες δὲ　ἐθαύμασαν, λέγοντες πρὸς ἀλλήλους·

14. Mt 8,27　ὅτι καὶ οἱ [1]ἄνεμοι　καὶ ἡ　θάλασσα αὐτῷ [2]ὑπακούουσιν ;
　Mc 4,41　ὅτι καὶ ὁ　ἄνεμος　καὶ ἡ　θάλασσα　ὑπακούει　αὐτῷ ;
　Lc 8,25　ὅτι καὶ τοῖς ἀνέμοις ἐπιτάσσει καὶ τῷ ὕδατι, καὶ　ὑπακούουσιν αὐτῷ ;

§ 32. Mc 5,1-20; (Mt 8,28-34); Lc 8,26-39

1. Mt 8,28   καὶ ἐλθόντος αὐτοῦ εἰς τὸ πέραν   εἰς τὴν χώραν τῶν Γαδαρηνῶν
   Mc 5,1   καὶ ¹ἦλθον   εἰς τὸ πέραν ²τῆς θαλάσσης εἰς τὴν χώραν τῶν Γερασηνῶν.
   Lc 8,26   καὶ κατέπλευσαν   εἰς τὴν χώραν τῶν Γερασηνῶν,

2. Mt 8,28   καὶ ἐλθόντος αὐτοῦ...   ⁽¹⁾ὑπήντησαν αὐτῷ
   Mc 5,2   καὶ ἐξελθόντος αὐτοῦ ²ἐκ τοῦ πλοίου, ³εὐθὺς (ἀπήντησεν) αὐτῷ   N²⁶ ὑπ-
   Lc 8,27   ἐξελθόντι δὲ   αὐτῷ ἐπὶ τὴν γῆν   ὑπήντησεν

3. Mt 8,28   ὑπήντησαν αὐτῷ   δύο δαιμονιζόμενοι
   Mc 5,2   ὑπήντησεν αὐτῷ ... ἄνθρωπος ἐν πνεύματι ἀκαθάρτῳ,
   Lc 8,27   αὐτῷ... ὑπήντησεν   ἀνήρ τις ... ἔχων δαιμόνια,

4. Mt 8,28   ἐκ τῶν μνημείων ἐξερχόμενοι,
   Mc 5,2-3   ᵃἐκ τῶν μνημείων ..., (3) ὃς τὴν κατοίκησιν εἶχεν   ᵇἐν τοῖς μνήμασιν,
   Lc 8,27   ἐκ τῆς πόλεως ...,   καὶ ἐν οἰκίᾳ οὐκ ἔμενεν ἀλλ' ἐν τοῖς μνήμασιν.

5. Mt   om.
   Mc 5,3   καὶ οὐδὲ ἁλύσει οὐκέτι οὐδεὶς ἐδύνατο αὐτὸν δῆσαι,
   Lc   om.

6. Mt 8,28   χαλεποὶ λίαν, ὥστε μὴ ἰσχύειν τινὰ παρελθεῖν διὰ τῆς ὁδοῦ ἐκείνης.
   Mc 5,4   διὰ τὸ αὐτὸν πολλάκις πέδαις καὶ ἁλύσεσιν δεδέσθαι,
             καὶ διεσπάσθαι ὑπ' αὐτοῦ τὰς ἁλύσεις καὶ τὰς πέδας συντετρῖφθαι,
             ⌜καὶ οὐδεὶς ἴσχυεν αὐτὸν δαμάσαι⌝·
   Lc 8,27   om.
   Lc (8,29)   πολλοῖς γὰρ χρόνοις συνηρπάκει αὐτόν, καὶ ἐδεσμεύετο ἁλύσεσιν καὶ πέδαις
             φυλασσόμενος, καὶ διαρρήσσων τὰ δεσμά

7. Mt   om.
   Mc 5,5   καὶ διὰ παντὸς νυκτὸς καὶ ἡμέρας ἐν τοῖς μνήμασιν καὶ ἐν τοῖς ὄρεσιν ἦν
             κράζων καὶ κατακόπτων ἑαυτὸν λίθοις.
   Lc 8,27   om.
   Lc (8,29)   καὶ ... ἠλαύνετο ὑπὸ τοῦ δαιμονίου εἰς τὰς ἐρήμους.

8. Mt 8,29   καὶ ἰδοὺ   ἔκραξαν   λέγοντες·
   Mc 5,6-7   καὶ ἰδὼν τὸν Ἰησοῦν ¹ἀπὸ μακρόθεν ἔδραμεν καὶ προσεκύνησεν αὐτῷ,
             (7) καὶ κράξας   φωνῇ μεγάλῃ ²λέγει·
   Lc 8,28   ἰδὼν δὲ   τὸν Ἰησοῦν ἀνακράξας προσέπεσεν αὐτῷ καὶ φωνῇ μεγάλῃ εἶπεν·

9. Mt 8,29   ἦλθες ὧδε πρὸ καιροῦ   βασανίσαι ἡμᾶς ;
   Mc 5,7   ὁρκίζω σε τὸν θεόν, μή με βασανίσῃς.
   Lc 8,28   δέομαί σου,   μή με βασανίσῃς.

10. Mt 8,30   ἀγέλη χοίρων πολλῶν βοσκομένη.
    Mc 5,11   ἀγέλη χοίρων μεγάλη βοσκομένη·
    Lc 8,32   ἀγέλη χοίρων ἱκανῶν βοσκομένη ἐν τῷ ὄρει·

11. Mt 8,31   οἱ δὲ δαίμονες παρεκάλουν αὐτὸν λέγοντες·
    Mc 5,12   καὶ   παρεκάλεσαν αὐτὸν λέγοντες·
    Lc 8,32   καὶ   παρεκάλεσαν αὐτόν
    Lc (8,31)   καὶ   παρεκάλουν αὐτόν

12. Mt 8,31   ἀπόστειλον ἡμᾶς εἰς τὴν ἀγέλην τῶν χοίρων.
    Mc 5,12   πέμψον ἡμᾶς εἰς   τοὺς χοίρους, ἵνα εἰς αὐτοὺς εἰσέλθωμεν.
    Lc 8,32   ἵνα ἐπιτρέψῃ αὐτοῖς   εἰς ἐκείνους εἰσελθεῖν·

13. Mt 8,32   οἱ ¹δὲ ἐξελθόντες... (v. 31 :) οἱ δὲ ²δαίμονες
    Mc 5,13   καὶ ἐξελθόντα   τὰ πνεύματα τὰ ἀκάθαρτα
    Lc 8,33   ἐξελθόντα δὲ   τὰ δαιμόνια

14. Mt 8,32   εἰς τὴν θάλασσαν,   καὶ ἀπέθανον ἐν τοῖς ὕδασιν.
    Mc 5,13   εἰς τὴν θάλασσαν, ¹ὡς δισχίλιοι, καὶ   ²ἐπνίγοντο ἐν τῇ θαλάσσῃ.
    Lc 8,33   εἰς τὴν λίμνην   καὶ ἀπεπνίγη.

15. Mt 8,33   οἱ ¹δὲ   βόσκοντες   ἔφυγον, καὶ ... ἀπήγγειλαν
    Mc 5,14   καὶ   οἱ βόσκοντες ²αὐτοὺς ἔφυγον καὶ   ἀπήγγειλαν
    Lc 8,34   ἰδόντες δὲ οἱ βόσκοντες τὸ γεγονὸς ἔφυγον καὶ   ἀπήγγειλαν

16. Mt 8,34   καὶ ἰδοὺ πᾶσα ἡ πόλις ¹ἐξῆλθεν   εἰς ὑπάντησιν τῷ Ἰησοῦ,
    Mc 5,14-15 καὶ ἦλθον ἰδεῖν ²τί ἐστιν τὸ γεγονός. (15) καὶ ³ἔρχονται πρὸς τὸν Ἰησοῦν,
    Lc 8,35   ἐξῆλθον δὲ ἰδεῖν   τὸ γεγονός,   καὶ ἦλθον   πρὸς τὸν Ἰησοῦν,

17. Mt 8,34   καὶ ἰδόντες (cf. v. 33 : τὰ τῶν δαιμονιζομένων)
    Mc 5,15   καὶ ¹θεωροῦσιν τὸν δαιμονιζόμενον καθήμενον ..., ²τὸν ἐσχηκότα τὸν λεγιῶνα,
    Lc 8,35   καὶ εὗρον   καθήμενον τὸν ἄνθρωπον ἀφ' οὗ τὰ δαιμόνια ἐξῆλθεν

18. Mt 8,34   αὐτὸν παρεκάλεσαν ὅπως   μεταβῇ ἀπὸ τῶν ὁρίων αὐτῶν.
    Mc 5,17   καὶ   ἤρξαντο παρακαλεῖν αὐτὸν ἀπελθεῖν ἀπὸ τῶν ὁρίων αὐτῶν.
    Lc 8,37   καὶ   ἠρώτησεν αὐτόν ...   ἀπελθεῖν ἀπ'   αὐτῶν,

19. Mt (9,1)   καὶ   ¹ἐμβὰς   εἰς   πλοῖον ²διεπέρασεν,
    Mc 5,18   καὶ   ἐμβαίνοντος αὐτοῦ εἰς ³τὸ πλοῖον
    Lc 8,37   αὐτὸς δὲ ἐμβὰς   εἰς   πλοῖον ὑπέστρεψεν.

§ 33. Mc 5,21-43; (Mt 9,18-26); Lc 8,40-56

1. Mt (9,1)   καὶ ἐμβὰς εἰς πλοῖον διεπέρασεν,
   Mc 5,21   καὶ ¹διαπεράσαντος τοῦ Ἰησοῦ [ἐν τῷ πλοίῳ] ²πάλιν εἰς τὸ πέραν
   Lc 8,40   ἐν δὲ τῷ ὑποστρέφειν τὸν Ἰησοῦν

2. Mt (9,1)   om.
   Mc 5,21   καὶ ἦν παρὰ τὴν θάλασσαν.
   Lc 8,40   om.

3. Mt 9,18   ¹ἰδοὺ   ²ἄρχων εἷς   ³ἐλθών
   Mc 5,22   καὶ   ⁴ἔρχεται   εἷς ⁵τῶν ἀρχισυναγώγων, ...   καί
   Lc 8,41   καὶ ἰδοὺ ἦλθεν ἀνὴρ..., καὶ οὗτος ἄρχων   τῆς συναγωγῆς

4. Mt 9,18   ἐλθὼν προσεκύνει αὐτῷ   λέγων ὅτι
   Mc 5,22-23 ¹ἰδὼν αὐτὸν ²πίπτει πρὸς τοὺς πόδας αὐτοῦ, (23) ³καὶ ⁴παρακαλεῖ αὐτὸν ⁵πολλὰ
                                                              λέγων ὅτι
   Lc 8,41   πεσὼν παρὰ τοὺς πόδας [τοῦ] Ἰησοῦ   παρεκάλει αὐτὸν ... ὅτι

5. Mt 9,18   ἡ ¹θυγάτηρ μου   ἄρτι ²ἐτελεύτησεν·
   Mc 5,23   τὸ θυγάτριόν μου   ³ἐσχάτως ἔχει,
   Lc 8,42   θυγάτηρ μονογενὴς ἦν αὐτῷ ... καὶ αὐτὴ ἀπέθνῃσκεν.

6. Mt 9,18   ἀλλὰ ἐλθὼν ἐπίθες τὴν χεῖρά σου ἐπ᾽ αὐτήν,   καὶ ζήσεται.
   Mc 5,23   ¹ἵνα ἐλθὼν ἐπιθῇς τὰς χεῖρας   αὐτῇ, ²ἵνα σωθῇ καὶ ζήσῃ.
   Lc (8,41)   εἰσελθεῖν εἰς τὸν οἶκον αὐτοῦ,

7. Mt 9,19   καὶ ... ἠκολούθησεν αὐτῷ
   Mc 5,24   ᵃκαὶ ἀπῆλθεν μετ᾽ αὐτοῦ. ᵇκαὶ   ἠκολούθει αὐτῷ
   Lc 8,42   ἐν δὲ τῷ ὑπάγειν αὐτὸν

8. Mt 9,20   om.
   Mc 5,26   καὶ πολλὰ παθοῦσα ὑπὸ πολλῶν ἰατρῶν καὶ δαπανήσασα τὰ παρ᾽ αὐτῆς πάντα,
             καὶ μηδὲν ὠφεληθεῖσα ἀλλὰ μᾶλλον εἰς τὸ χεῖρον ἐλθοῦσα,
   Lc 8,43   ἥτις [ἰατροῖς προσαναλώσασα ὅλον τὸν βίον] οὐκ ἴσχυσεν ἀπ᾽ οὐδενὸς
             θεραπευθῆναι,

9. Mt 9,20   om.
   Mc 5,27   ἀκούσασα περὶ τοῦ Ἰησοῦ,
   Lc 8,44   om.

10. Mt 9,20   ¹προσελθοῦσα   ὄπισθεν ἥψατο ²τοῦ κρασπέδου τοῦ ἱματίου αὐτοῦ·
    Mc 5,27   ἐλθοῦσα ³ἐν τῷ ὄχλῳ ὄπισθεν ἥψατο   τοῦ ἱματίου αὐτοῦ·
    Lc 8,44   προσελθοῦσα   ὄπισθεν ἥψατο τοῦ κρασπέδου τοῦ ἱματίου αὐτοῦ,

11. Mt 9,22   om.
    Mc 5,29   καὶ ἔγνω τῷ σώματι ὅτι ἴαται ἀπὸ τῆς μάστιγος.
    Lc 8,44   om.

12. Mt 9,22   ὁ δὲ Ἰησοῦς στραφεὶς ...   ¹εἶπεν·
    Mc 5,30   καὶ ²εὐθὺς ὁ Ἰησοῦς ³ᵃἐπιγνοὺς ἐν ἑαυτῷ τὴν ἐξ αὐτοῦ δύναμιν ἐξελθοῦσαν,
                ᵇἐπιστραφεὶς ⁴ἐν τῷ ὄχλῳ ἔλεγεν·
    Lc 8,45   καὶ εἶπεν ὁ Ἰησοῦς·
    Lc (8,46)   ὁ δὲ Ἰησοῦς εἶπεν· ... ἐγὼ γὰρ ἔγνων δύναμιν ἐξεληλυθυῖαν ἀπ' ἐμοῦ.

13. Mt   om.
    Mc 5,31   βλέπεις..., καὶ λέγεις· τίς μου ἥψατο ;
    Lc 8,46   ὁ δὲ Ἰησοῦς εἶπεν· ἥψατό μού τις·

14. Mt 9,22   καὶ   ἰδὼν αὐτήν
    Mc 5,32-33   καὶ περιεβλέπετο ἰδεῖν τὴν τοῦτο ποιήσασαν. (33) ἡ δὲ γυνή
    Lc 8,47   ἰδοῦσα δὲ   ἡ γυνή

15. Mt   om.
    Mc 5,33   εἰδυῖα ὃ γέγονεν αὐτῇ,
    Lc   om.

16. Mt 9,22   θάρσει, θύγατερ· ἡ πίστις σου σέσωκέν σε.
    Mc 5,34   θυγάτηρ, ἡ πίστις σου σέσωκέν σε·
    Lc 8,48   (θύγατερ), ἡ πίστις σου σέσωκέν σε·   N²⁶ -άτηρ

17. Mt 9,22   καὶ ἐσώθη ἡ γυνὴ ἀπὸ τῆς ὥρας ἐκείνης.
    Mc 5,34   ὕπαγε εἰς εἰρήνην, καὶ ἴσθι ὑγιὴς ἀπὸ τῆς μάστιγός σου.
    Lc 8,48   πορεύου εἰς εἰρήνην.

18. Mt 9,23   καὶ ¹ἐλθὼν ὁ Ἰησοῦς εἰς ²τὴν οἰκίαν τοῦ ἄρχοντος
    Mc 5,38-39   καὶ ἔρχονται εἰς τὸν οἶκον τοῦ ἀρχισυναγώγου, ... (39) καὶ εἰσελθὼν
    Lc 8,51   ἐλθὼν δὲ εἰς τὴν οἰκίαν

19. Mt 9,23   καὶ ἰδὼν ... καὶ τὸν ὄχλον θορυβούμενον
    Mc 5,38   καὶ θεωρεῖ ¹ᵃθόρυβον, καὶ ᵇκλαίοντας ²καὶ ἀλαλάζοντας ³πολλά,
    Lc 8,52   ἔκλαιον δὲ πάντες καὶ ἐκόπτοντο αὐτήν.

20. Mt 9,23-24   ¹ὁ Ἰησοῦς... (24) ἔλεγεν·   ἀναχωρεῖτε·
    Mc 5,39   ²καὶ εἰσελθὼν ³λέγει ⁴αὐτοῖς· ⁵τί ᵃθορυβεῖσθε καὶ ᵇκλαίετε ;
    Lc 8,52   ὁ δὲ εἶπεν·   μὴ κλαίετε·

21. Mt 9,24   οὐ ¹γὰρ ἀπέθανεν τὸ κοράσιον ἀλλὰ καθεύδει.
    Mc 5,39   ²τὸ παιδίον οὐκ ἀπέθανεν ἀλλὰ καθεύδει.
    Lc 8,52   οὐ γὰρ ἀπέθανεν ἀλλὰ καθεύδει.

22. Mt 9,25   ὅτε δὲ ἐξεβλήθη ὁ ὄχλος εἰσελθὼν
    Mc 5,40   αὐτὸς δὲ ἐκβαλὼν πάντας παραλαμβάνει τὸν πατέρα τοῦ παιδίου καὶ τὴν
                μητέρα καὶ τοὺς μετ' αὐτοῦ, καὶ εἰσπορεύεται ⌜ὅπου ἦν τὸ παιδίον.
    Lc 8,54   αὐτὸς δέ

23. Mt 9,25   εἰσελθὼν ἐκράτησεν τῆς χειρὸς <u>¹αὐτῆς</u>,
     Mc 5,41   ²καὶ   κρατήσας τῆς χειρὸς ³<u>τοῦ παιδίου</u> λέγει αὐτῇ·
     Lc 8,54   αὐτὸς δὲ κρατήσας τῆς χειρὸς <u>αὐτῆς</u>   ἐφώνησεν λέγων·

24. Mt   om.
     Mc 5,41   <u>¹ταλιθὰ κοῦμ</u>, ὅ ἐστιν μεθερμηνευόμενον· τὸ κοράσιον, ²<u>σοὶ λέγω</u>, ἔγειρε.
     Lc 8,54   ἡ παῖς,   ἔγειρε.

25. Mt 9,25   καὶ   ἠγέρθη τὸ κοράσιον.
     Mc 5,42   καὶ ¹<u>εὐθὺς</u> ἀνέστη τὸ κοράσιον ²<u>καὶ περιεπάτει</u>· ³<u>ἦν γὰρ</u> ἐτῶν δώδεκα.
     Lc 8,55   καὶ   ἀνέστη παραχρῆμα,
     Lc (8,42)   ὡς ἐτῶν δώδεκα

26. Mt   om.
     Mc 5,43   <u>καὶ εἶπεν δοθῆναι αὐτῇ φαγεῖν.</u>
     Lc   om.

§ 34. Mc 6,1-6a; Mt 13,53-58; (Lc 4,16-30)

1. Mt 13,54   καὶ ἐλθὼν   εἰς τὴν πατρίδα αὐτοῦ
     Mc 6,1   καὶ ¹<u>ἔρχεται</u> εἰς τὴν πατρίδα αὐτοῦ, ²<u>καὶ ἀκολουθοῦσιν αὐτῷ οἱ μαθηταὶ αὐτοῦ.</u>
     Lc 4,16   καὶ ἦλθεν   εἰς Ναζαρά,

2. Mt 13,54   ἐδίδασκεν   <u>αὐτοὺς</u> ἐν τῇ συναγωγῇ αὐτῶν,
     Mc 6,2   ἤρξατο   διδάσκειν   ἐν τῇ συναγωγῇ·
     Lc 4,21   ἤρξατο δὲ λέγειν πρὸς <u>αὐτούς</u>

3. Mt 13,54   ὥστε   ἐκπλήσσεσθαι αὐτοὺς ¹<u>καὶ λέγειν</u>·
     Mc 6,2   καὶ   ²<u>πολλοὶ</u> ³<u>ἀκούοντες</u>   ἐξεπλήσσοντο   <u>λέγοντες</u>·
     Lc 4,22   καὶ   πάντες ἐμαρτύρουν αὐτῷ καὶ ἐθαύμαζον …,   <u>καὶ ἔλεγον</u>·

4. Mt 13,54   καὶ αἱ δυνάμεις ;
     Mc 6,2   καὶ αἱ δυνάμεις <u>τοιαῦται διὰ τῶν χειρῶν αὐτοῦ</u> γινόμεναι ;
     Lc (4,23)   ὅσα ἠκούσαμεν   γενόμενα

5. Mt 13,55   οὐχ οὗτός   ἐστιν ὁ ¹<u>τοῦ τέκτονος</u> υἱός ; οὐχ ἡ μήτηρ αὐτοῦ λέγεται Μαριάμ
     Mc 6,3   οὐχ οὗτός   ἐστιν ὁ   ²<u>τέκτων</u>, ὁ υἱὸς τῆς   Μαρίας
     Lc 4,22   οὐχὶ   υἱός ἐστιν   <u>Ἰωσὴφ</u> οὗτος ;

6. Mt 13,57   ὁ ¹<u>δὲ</u> Ἰησοῦς ²<u>εἶπεν</u> αὐτοῖς·
     Mc 6,4   καὶ   <u>ἔλεγεν</u> αὐτοῖς ὁ Ἰησοῦς ³<u>ὅτι</u>
     Lc 4,24   <u>εἶπεν</u> δέ·   ἀμὴν λέγω ὑμῖν ὅτι

7. Mt 13,57   ἐν τῇ πατρίδι   καὶ ἐν τῇ οἰκίᾳ αὐτοῦ.
   Mc 6,4   ἐν τῇ πατρίδι αὐτοῦ καὶ ἐν τοῖς συγγενεῦσιν αὐτοῦ καὶ ἐν τῇ οἰκίᾳ αὐτοῦ.
   Lc 4,24   ἐν τῇ πατρίδι αὐτοῦ.

8. Mt 13,58   καὶ οὐκ   ἐποίησεν ¹/ ἐκεῖ   δυνάμεις πολλὰς διὰ τὴν ἀπιστίαν αὐτῶν.
   Mc 6,5-6   καὶ οὐκ ²ἐδύνατο ἐκεῖ ποιῆσαι   οὐδεμίαν δύναμιν, ³εἰ μὴ ὀλίγοις ἀρρώστοις
               ἐπιθεὶς τὰς χεῖρας ἐθεράπευσεν.   (6) ⁴καὶ ἐθαύμαζεν διὰ τὴν ἀπιστίαν αὐτῶν.
   Lc (4,23)   ποίησον / καὶ ὧδε ἐν τῇ πατρίδι σου.

§ 35. Mc 6,6b-13; (Mt 9,35-10,16); Lc 9,1-6; (10,1-12)

1. Mt   9,35   καὶ περιῆγεν ὁ Ἰησοῦς τὰς ¹πόλεις πάσας   καὶ τὰς κώμας, διδάσκων
   Mc   6,6b   καὶ περιῆγεν   τὰς κώμας ²κύκλῳ   διδάσκων.
   Lc   (8,1)   καὶ αὐτὸς διώδευεν   κατὰ πόλιν   καὶ   κώμην κηρύσσων
   Lc   (13,22) καὶ διεπορεύετο   κατὰ πόλεις   καὶ   κώμας διδάσκων

2. Mt   9,35   κηρύσσων τὸ εὐαγγέλιον   τῆς βασιλείας
   Mc   6,6b   om.
   Lc   (8,1)   κηρύσσων καὶ εὐαγγελιζόμενος τὴν βασιλείαν τοῦ θεοῦ,

3. Mt   10,1   καὶ ¹προσκαλεσάμενος   τοὺς δώδεκα (²)μαθητὰς αὐτοῦ
   Mc   6,7   καὶ προσκαλεῖται   τοὺς δώδεκα,   ³καὶ ἤρξατο
   Lc   9,1   συγκαλεσάμενος δὲ τοὺς δώδεκα   (ἀποστόλους)   N²⁶ om

4. Mt   10,1.5   ¹ἔδωκεν αὐτοῖς ἐξουσίαν ...   ²// (5) τούτους τοὺς δώδεκα ³ἀπέστειλεν
   Mc   6,7   ⁴ἤρξατο αὐτοὺς ἀποστέλλειν ⁵δύο δύο, ⁶καὶ ἐδίδου αὐτοῖς ἐξουσίαν
   Lc   9,1-2   ἔδωκεν αὐτοῖς δύναμιν καὶ ἐξουσίαν ... // (2) καὶ ἀπέστειλεν αὐτούς

5. Mt   (10,8)   ¹δαιμόνια ἐκβάλλετε·
   Mt   10,1   ἐξουσίαν πνευμάτων ἀκαθάρτων ὥστε ἐκβάλλειν αὐτά,
                                          ²καὶ θεραπεύειν πᾶσαν νόσον
   Mc   6,7   ἐξουσίαν τῶν πνευμάτων τῶν ἀκαθάρτων,
   Lc   9,1   ἐξουσίαν ἐπὶ πάντα τὰ δαιμόνια   καὶ νόσους θεραπεύειν·

6. Mt   (10,7)   κηρύσσετε λέγοντες ὅτι ἤγγικεν   ἡ βασιλεία τῶν οὐρανῶν.
   Mc   6,7   om.
   Lc   9,2   κηρύσσειν   τὴν βασιλείαν τοῦ θεοῦ
   Lc   10,9   λέγετε αὐτοῖς·   ἤγγικεν ἐφ' ὑμᾶς ἡ βασιλεία τοῦ θεοῦ.

7. Mt   (10,8)   ἀσθενοῦντας θεραπεύετε,
   Mc   6,7   om.
   Lc   9,2   καὶ   ἰᾶσθαι [τοὺς ἀσθενεῖς]
   Lc   (10,9)   θεραπεύετε τοὺς ἐν αὐτῇ ἀσθενεῖς,

8. Mt 10,5.9   παραγγείλας αὐτοῖς λέγων·... (9) μὴ   κτήσησθε
   Mc 6,8   καὶ παρήγγειλεν αὐτοῖς   ἵνα μηδὲν αἴρωσιν
   Lc 9,3   καὶ εἶπεν πρὸς αὐτούς·   μηδὲν αἴρετε

9. Mt 10,9-10   μὴ   κτήσησθε ... (10) μὴ πήραν εἰς   ὁδόν... ¹μηδὲ ῥάβδον·
   Mc 6,8   ἵνα μηδὲν αἴρωσιν   εἰς   ὁδὸν ²εἰ μὴ ῥάβδον μόνον,
   Lc 9,3   μηδὲν αἴρετε   εἰς τὴν ὁδόν,   μήτε ῥάβδον

10. Mt 10,9   μὴ κτήσησθε   χρυσὸν μηδὲ ἄργυρον μηδὲ χαλκὸν εἰς τὰς ζώνας ὑμῶν,
    Mc 6,8   μὴ   ἄρτον, μὴ   πήραν   μὴ   εἰς τὴν ζώνην χαλκόν,
    Lc 9,3   μήτε πήραν, μήτε ἄρτον μήτε ἀργύριον

11. Mt (10,9-10) μὴ κτήσησθε ... (10) ... ¹μηδὲ ὑποδήματα
    Mc 6,9   ²ἀλλὰ ὑποδεδεμένους σανδάλια,
    Lc 9,3   om.
    Lc 10,4   μὴ βαστάζετε ...,   μὴ   ὑποδήματα·

12. Mt 10,9-10   μὴ κτήσησθε ... (10) ... μηδὲ   δύο χιτῶνας
    Mc 6,9   καὶ μὴ   ἐνδύσησθε δύο χιτῶνας.
    Lc 9,3   μήτε   [ἀνὰ] δύο χιτῶνας ἔχειν.

13. Mt 10,10   ¹ἄξιος γὰρ ὁ ἐργάτης τῆς τροφῆς αὐτοῦ.
    Mc 6,10   ²καὶ ἔλεγεν αὐτοῖς·
    Lc 9,4   om.
    Lc 10,7   ἄξιος γὰρ ὁ ἐργάτης τοῦ μισθοῦ αὐτοῦ.

14. Mt 10,11   εἰς ¹ἣν δ’ ἂν πόλιν ἢ κώμην ²// εἰσέλθητε,
    Mc 6,10   ³ὅπου ἐὰν εἰσέλθητε εἰς οἰκίαν,
    Lc 9,4   καὶ εἰς ἣν   ἂν οἰκίαν   // εἰσέλθητε,
    Lc 10,10   εἰς ἣν δ’ ἂν πόλιν   // εἰσέλθητε

15. Mt 10,13   καὶ ἐὰν μὲν ᾖ ἡ οἰκία ἀξία, ἐλθάτω ἡ εἰρήνη ὑμῶν ἐπ’ αὐτήν·
                ἐὰν δὲ μὴ ᾖ ἀξία, ἡ εἰρήνη ὑμῶν πρὸς ὑμᾶς ἐπιστραφήτω.
    Mc 6,10   om.
    Lc 9,4   om.
    Lc (10,6)   καὶ ἐὰν   ἐκεῖ ᾖ υἱὸς εἰρήνης, ἐπαναπαήσεται ἐπ’ αὐτὸν ἡ εἰρήνη ὑμῶν·
                εἰ δὲ μή γε,   ἐφ’ ὑμᾶς ἀνακάμψει.

16. Mt 10,14   καὶ ὃς ἂν   μὴ δέξηται ὑμᾶς μηδὲ ἀκούσῃ τοὺς λόγους ὑμῶν,
    Mc 6,11   καὶ ὃς ἂν ¹τόπος μὴ ²δέξηται ὑμᾶς μηδὲ ἀκούσωσιν   ὑμῶν,
    Lc 9,5   καὶ ὅσοι ἂν   μὴ δέχωνται ὑμᾶς,

17.   Mt 10,14   ἐξερχόμενοι   ἔξω τῆς οἰκίας ἢ   τῆς πόλεως ἐκείνης
     Mc 6,11   ἐκπορευόμενοι   ἐκεῖθεν
     Lc 9,5   ἐξερχόμενοι   ἀπὸ   τῆς πόλεως ἐκείνης
     Lc 10,10   ἐξελθόντες   εἰς τὰς πλατείας αὐτῆς

18.   Mt 10,14   ἐκτινάξατε τὸν [1]κονιορτὸν   τῶν ποδῶν ὑμῶν.
     Mc 6,11   ἐκτινάξατε τὸν χοῦν [2]τὸν ὑποκάτω τῶν ποδῶν ὑμῶν
     Lc 9,5   τὸν κονιορτὸν   ἀπὸ   τῶν ποδῶν ὑμῶν ἀποτινάσσετε
     Lc 10,11   καὶ τὸν κονιορτὸν ... εἰς   τοὺς πόδας   ἀπομασσόμεθα

19.   Mt 10,15   ἀμὴν λέγω ὑμῖν, ἀνεκτότερον ἔσται γῇ Σοδόμων καὶ Γομόρρων
                                        ἐν ἡμέρᾳ κρίσεως ἢ τῇ πόλει ἐκείνῃ.
     Mc 6,11   om.
     Lc 10,12   λέγω ὑμῖν, ὅτι Σοδόμοις ἐν τῇ ἡμέρᾳ ἐκείνῃ ἀνεκτότερον ἔσται
                                                 ἢ τῇ πόλει ἐκείνῃ.

20.   Mt 10,16   ἰδοὺ ἐγὼ ἀποστέλλω ὑμᾶς ὡς πρόβατα ἐν μέσῳ λύκων·
     Mc 6,11   om.
     Lc (10,3)   ὑπάγετε· ἰδοὺ   ἀποστέλλω ὑμᾶς ὡς ἄρνας   ἐν μέσῳ λύκων.

21.   Mt (11,1)   καὶ ... μετέβη ἐκεῖθεν τοῦ διδάσκειν καὶ κηρύσσειν ἐν [1]ταῖς πόλεσιν αὐτῶν.
     Mc 6,12   καὶ ἐξελθόντες   ἐκήρυξαν [2]ἵνα μετανοῶσιν,
     Lc 9,6   ἐξερχόμενοι δὲ διήρχοντο κατὰ τὰς κώμας εὐαγγελιζόμενοι

22.   Mt   om.
     Mc 6,13   καὶ ἤλειφον ἐλαίῳ πολλοὺς ἀρρώστους καὶ ἐθεράπευον.
     Lc 9,6   καὶ θεραπεύοντες πανταχοῦ.

§ 36. Mc 6,14-16; Mt 14,1-2; Lc 9,7-9

1.   Mt 14,1   ἐν ἐκείνῳ τῷ καιρῷ ἤκουσεν   Ἡρῴδης [1]/ ὁ [2]τετραάρχης
     Mc 6,14   [3]καὶ ἤκουσεν ὁ βασιλεὺς Ἡρῴδης,
     Lc 9,7   ἤκουσεν δὲ Ἡρῴδης / ὁ τετραάρχης

2.   Mt 14,1   ἤκουσεν   Ἡρῴδης... [1]τὴν ἀκοὴν Ἰησοῦ,
     Mc 6,14   ἤκουσεν ... Ἡρῴδης,   [2]φανερὸν γὰρ ἐγένετο τὸ ὄνομα αὐτοῦ,
     Lc 9,7   ἤκουσεν δὲ Ἡρῴδης... τὰ γινόμενα πάντα,

3.   Mt 14,2   om.
     Mc 6,14-15   καὶ ἔλεγον ...   (15) ἄλλοι δὲ ἔλεγον ...· ἄλλοι δὲ ἔλεγον
     Lc 9,7-8   διὰ τὸ λέγεσθαι ὑπό τινων ..., (8) ὑπό τινων δὲ ...,   ἄλλων δέ

4. Mt 14,2   Ἰωάννης ὁ βαπτιστής· αὐτὸς ¹ἠγέρθη   ἀπὸ τῶν νεκρῶν,
    Mc 6,14   ὅτι Ἰωάννης ²ὁ βαπτίζων   ἐγήγερται ἐκ   νεκρῶν,
    Lc 9,7   ὅτι Ἰωάννης   ἠγέρθη ἐκ   νεκρῶν,

5. Mt 14,2   καὶ   εἶπεν τοῖς παισὶν αὐτοῦ·
    Mc 6,16   ἀκούσας δὲ ὁ Ἡρῴδης ἔλεγεν·
    Lc 9,9   εἶπεν δὲ Ἡρῴδης·

6. Mt (14,2)   οὗτός ἐστιν Ἰωάννης ὁ βαπτιστής· αὐτὸς ἠγέρθη
    Mc 6,16   οὗτος ἠγέρθη.
    Lc 9,9   τίς δέ ἐστιν οὗτος περὶ οὗ ἀκούω τοιαῦτα;

§ 37. Mc 6,17-29 ; Mt 14,3-12 ; (Lc 3,19-20)

1. Mt 14,3   διὰ Ἡρῳδιάδα τὴν γυναῖκα   (om.)   τοῦ ἀδελφοῦ αὐτοῦ·   N²⁶ Φιλίππου
    Mc 6,17   διὰ Ἡρῳδιάδα τὴν γυναῖκα Φιλίππου τοῦ ἀδελφοῦ αὐτοῦ,
    Lc 3,19   περὶ Ἡρῳδιάδος τῆς γυναικὸς   τοῦ ἀδελφοῦ αὐτοῦ

§ 38. Mc 6,30-44 ; Mt 14,13-21 ; Lc 9,10-17

1. Mt (14,12) καὶ ἐλθόντες   ἀπήγγειλαν τῷ Ἰησοῦ.
    Mc 6,30   καὶ ¹συνάγονται ... πρὸς τὸν Ἰησοῦν, ²καὶ ἀπήγγειλαν αὐτῷ
    Lc 9,10   καὶ ὑποστρέψαντες ...   διηγήσαντο αὐτῷ

2. Mt   om.
    Mc 6,30   ¹πάντα ὅσα ἐποίησαν ²καὶ ὅσα ἐδίδαξαν.
    Lc 9,10   ὅσα ἐποίησαν.

3. Mt   om.
    Mc 6,31   καὶ λέγει αὐτοῖς· δεῦτε ὑμεῖς αὐτοὶ κατ' ἰδίαν εἰς ἔρημον τόπον καὶ ἀναπαύσασθε
                ὀλίγον. ἦσαν γὰρ οἱ ἐρχόμενοι καὶ οἱ ὑπάγοντες πολλοί, καὶ οὐδὲ φαγεῖν
                εὐκαίρουν.
    Lc   om.

4. Mt 14,13   ἀκούσας δὲ ὁ Ἰησοῦς ¹ἀνεχώρησεν ἐκεῖθεν ἐν   πλοίῳ
    Mc 6,32   καὶ   ²ἀπῆλθον   ἐν ³τῷ πλοίῳ
    Lc 9,10   καὶ παραλαβὼν αὐτοὺς ὑπεχώρησεν

5. Mt 14,13   καὶ ¹ἀκούσαντες ²οἱ ὄχλοι   ἠκολούθησαν αὐτῷ
    Mc 6,33   ³καὶ εἶδον αὐτοὺς ὑπάγοντας καὶ ἐπέγνωσαν πολλοί, ... ἀπὸ πασῶν ...
                                    συνέδραμον ἐκεῖ καὶ προῆλθον αὐτούς.
    Lc 9,11   οἱ δὲ ὄχλοι   γνόντες ἠκολούθησαν αὐτῷ·

6. Mt 14,14   καὶ (om.)   εἶδεν πολὺν ὄχλον,   Ν²⁶ ἐξελθὼν
    Mc 6,34   καὶ ἐξελθὼν εἶδεν πολὺν ὄχλον,
    Lc 9,11   καὶ   ἀποδεξάμενος αὐτούς

7. Mt 14,14   καὶ ἐσπλαγχνίσθη ἐπ' αὐτοῖς
    Mc 6,34   καὶ ἐσπλαγχνίσθη ἐπ' αὐτοὺς ὅτι ἦσαν ὡς πρόβατα μὴ ἔχοντα ποιμένα,
    Lc 9,11   καὶ ἀποδεξάμενος   αὐτούς

8. Mt 14,14   om.
    Mc 6,34   καὶ ἤρξατο διδάσκειν αὐτοὺς πολλά.
    Lc 9,11   ἐλάλει   αὐτοῖς περὶ τῆς βασιλείας τοῦ θεοῦ,

9. Mt 14,14   καὶ ἐθεράπευσεν τοὺς ἀρρώστους αὐτῶν.
    Mc 6,34   om.
    Lc 9,11   καὶ τοὺς χρείαν ἔχοντας θεραπείας ἰᾶτο.

10. Mt 14,15   ὀψίας ¹δὲ   γενομένης
    Mc 6,35   καὶ ²ἤδη ὥρας πολλῆς γενομένης
    Lc 9,12   ἡ δὲ ἡμέρα ἤρξατο κλίνειν·

11. Mt 14,15   προσῆλθον   αὐτῷ οἱ μαθηταὶ   λέγοντες·
    Mc 6,35   προσελθόντες αὐτῷ οἱ μαθηταὶ ¹αὐτοῦ ²ἔλεγον   ³ὅτι
    Lc 9,12   προσελθόντες δὲ   οἱ δώδεκα   εἶπαν αὐτῷ·

12. Mt 14,15   καὶ ἡ ὥρα ἤδη   παρῆλθεν·
    Mc 6,35   καὶ   ἤδη   ὥρα πολλή·
    Lc 9,12   om.

13. Mt 14,15   ἀπόλυσον ¹τοὺς ὄχλους, ἵνα ἀπελθόντες εἰς ²τὰς   κώμας
    Mc 6,36   ἀπόλυσον αὐτούς,   ἵνα ἀπελθόντες εἰς τοὺς κύκλῳ ἀγροὺς καὶ κώμας
    Lc 9,12   ἀπόλυσον τὸν ὄχλον, ἵνα πορευθέντες εἰς τὰς κύκλῳ κώμας καὶ ἀγρούς

14. Mt 14,15   ἀγοράσωσιν ἑαυτοῖς   βρώματα.
    Mc 6,36   ἀγοράσωσιν ἑαυτοῖς   τί φάγωσιν.
    Lc 9,12   καταλύσωσιν καὶ εὕρωσιν   ἐπισιτισμόν,
    Lc (9,13)   ἀγοράσωμεν εἰς πάντα τὸν λαὸν τοῦτον βρώματα.

15. Mt 14,16   ὁ δὲ ['Ιησοῦς]   εἶπεν   αὐτοῖς·   οὐ ¹χρείαν ἔχουσιν ἀπελθεῖν·
    Mc 6,37   ὁ δὲ ²ἀποκριθεὶς εἶπεν   αὐτοῖς·
    Lc 9,13   εἶπεν δὲ πρὸς αὐτούς·
    Lc (9,11)   τοὺς χρείαν ἔχοντας... ἰᾶτο.

16. Mt 14,17   ¹οἱ δὲ λέγουσιν αὐτῷ·   ²οὐκ ἔχομεν ὧδε εἰ μὴ πέντε ³ἄρτους
    Mc 6,37   καὶ   λέγουσιν αὐτῷ· ... (v. 38 : πόσους ἔχετε ἄρτους ; ... πέντε, ...)
    Lc 9,13   οἱ δὲ εἶπαν·   οὐκ εἰσὶν ἡμῖν πλεῖον ἢ ἄρτοι πέντε ... εἰ μήτι

17. Mt   om.

Mc 6,37   ¹ἀπελθόντες ἀγοράσωμεν ²δηναρίων διακοσίων⌐ ἄρτους, ³καὶ δώσομεν αὐτοῖς φαγεῖν ;

Lc 9,13   εἰ μήτι πορευθέντες ἡμεῖς ἀγοράσωμεν

18. Mt   om.

Mc 6,38   ὁ δὲ λέγει αὐτοῖς· πόσους ἄρτους ἔχετε ; ὑπάγετε ἴδετε. καὶ γνόντες λέγουσιν· πέντε, καὶ δύο ἰχθύας.

Lc   om.

19. Mt 14,18-19   ὁ ¹δὲ εἶπεν...(19) καὶ κελεύσας ²τοὺς ὄχλους   ἀνακλιθῆναι

Mc 6,39   καὶ ἐπέταξεν αὐτοῖς   ἀνακλῖναι πάντας

Lc 9,14   εἶπεν δὲ   πρὸς τοὺς μαθητὰς αὐτοῦ· κατακλίνατε αὐτούς

20. Mt 14,19   ἐπὶ τοῦ   χόρτου,

Mc 6,39   ¹συμπόσια συμπόσια ἐπὶ τῷ ²χλωρῷ χόρτῳ.

Lc 9,14   κλίσιας

21. Mt   om.

Mc 6,40   ¹καὶ ἀνέπεσαν ²πρασιαὶ πρασιαὶ⌐ ³κατὰ ἑκατὸν καὶ⌐ κατὰ πεντήκοντα.

Lc 9,15   καὶ ἐποίησαν οὕτως (v. 14 : κλίσιας ὡσεὶ ἀνὰ πεντήκοντα) καὶ κατέκλιναν ἅπαντας.

22. Mt 14,19   λαβὼν... εὐλόγησεν,   καὶ   κλάσας

Mc 6,41   ¹καὶ λαβὼν... εὐλόγησεν   καὶ κατέκλασεν ²τοὺς ἄρτους

Lc 9,16   λαβὼν δὲ ... εὐλόγησεν αὐτοὺς καὶ κατέκλασεν,

23. Mt 14,19   ἔδωκεν τοῖς μαθηταῖς τοὺς ἄρτους, οἱ δὲ μαθηταὶ   ¹τοῖς ὄχλοις.

Mc 6,41   καὶ ἐδίδου τοῖς μαθηταῖς [αὐτοῦ]   ²ἵνα παρατιθῶσιν αὐτοῖς,

Lc 9,16   καὶ ἐδίδου τοῖς μαθηταῖς   παραθεῖναι   τῷ ὄχλῳ.

24. Mt 14,19   om.

Mc 6,41   καὶ τοὺς δύο ἰχθύας ἐμέρισεν πᾶσιν.

Lc 9,16   om.

25. Mt 14,20   ¹τὸ περισσεῦον τῶν κλασμάτων, δώδεκα κοφίνους πλήρεις.

Mc 6,43   κλάσματα δώδεκα κοφίνων ²πληρώματα ³καὶ ἀπὸ τῶν ἰχθύων.

Lc 9,17   τὸ περισσεῦσαν αὐτοῖς κλασμάτων   κόφινοι δώδεκα.

26. Mt 14,21   οἱ δὲ ἐσθίοντες ἦσαν   ἄνδρες ¹/²ὡσεὶ πεντακισχίλιοι

Mc 6,44   ³καὶ ἦσαν οἱ φαγόντες [τοὺς ἄρτους] πεντακισχίλιοι ἄνδρες.

Lc (9,14)   ἦσαν γὰρ   ὡσεὶ ἄνδρες /πεντακισχίλιοι.

§ 39. Mc 6,45-52; Mt 14,22-33

§ 40. Mc 6,53-56; Mt 14,34-36

§ 41. Mc 7,1-23; Mt 15,1-20

§ 42. Mc 7,24-30; Mt 15,21-28

Mt 15,27 καὶ γὰρ τὰ κυνάρια ἐσθίει ἀπὸ τῶν ψιχίων τῶν πιπτόντων ἀπὸ τῆς
     τραπέζης τῶν κυρίων αὐτῶν

Mc 7,28 καὶ τὰ κυνάρια ὑποκάτω τῆς τραπέζης ἐσθίουσιν ἀπὸ τῶν ψιχίων
     τῶν παιδίων

Lc (16,21) καὶ ἐπιθυμῶν χορτασθῆναι ἀπὸ τῶν πιπτόντων ἀπὸ τῆς τραπέζης
     τοῦ πλουσίου· ἀλλὰ καὶ οἱ κύνες

§ 43. Mc 7,31-37; Mt 15,29-31

§ 44. Mc 8,1-10; Mt 15,32-39

§ 45. Mc 8,11-13; Mt 16,1-4; (Lc 11,16.29)

1. Mt 16,1 om.
  Mt (12,38) λέγοντες·
  Mc 8,11 ἤρξαντο συζητεῖν αὐτῷ,
  Lc 11,16 om.

2. Mt 16,1 πειράζοντες [1]/ ἐπηρώτησαν αὐτὸν σημεῖον [2]ἐκ τοῦ οὐρανοῦ ἐπιδεῖξαι αὐτοῖς.
  Mt (12,38) λέγοντες· διδάσκαλε, θέλομεν ἀπὸ σοῦ σημεῖον ἰδεῖν.
  Mc 8,11   ζητοῦντες παρ' αὐτοῦ σημεῖον ἀπὸ τοῦ οὐρανοῦ, πειράζοντες [3]αὐτόν.
  Lc 11,16 πειράζοντες | σημεῖον ἐξ οὐρανοῦ ἐζήτουν παρ' αὐτοῦ.

3. Mt 16,2 ὁ [1]δὲ ἀποκριθεὶς   εἶπεν αὐτοῖς·
  Mt (12,39) ὁ δὲ ἀποκριθεὶς   εἶπεν αὐτοῖς·
  Mc 8,12 [2]καὶ ἀναστενάξας τῷ πνεύματι αὐτοῦ [3]λέγει·
  Lc 11,29 τῶν δὲ ὄχλων ἐπαθροιζομένων ἤρξατο λέγειν·

4. Mt 16,4   γενεὰ   [1]πονηρὰ καὶ μοιχαλὶς σημεῖον [2]/ ἐπιζητεῖ,
  Mt (12,39)   γενεὰ   πονηρὰ καὶ μοιχαλὶς σημεῖον | ἐπιζητεῖ,
  Mc 8,12 [3]τί ἡ γενεὰ αὕτη   ζητεῖ σημεῖον ; ἀμὴν λέγω ὑμῖν,
  Lc 11,29 ἡ γενεὰ αὕτη γενεὰ πονηρά ἐστιν· σημεῖον | ζητεῖ,

5. Mt 16,4 [1]καὶ σημεῖον οὐ δοθήσεται αὐτῇ εἰ μὴ τὸ σημεῖον Ἰωνᾶ.
  Mt (12,39) καὶ σημεῖον οὐ δοθήσεται αὐτῇ εἰ μὴ τὸ σημεῖον Ἰωνᾶ τοῦ προφήτου.
  Mc 8,12 [2]εἰ   δοθήσεται [3]τῇ γενεᾷ ταύτῃ σημεῖον.
  Lc 11,29 καὶ σημεῖον οὐ δοθήσεται αὐτῇ εἰ μὴ τὸ σημεῖον Ἰωνᾶ.

6. Mt 16,4-5 καὶ καταλιπὼν αὐτοὺς ἀπῆλθεν. καὶ ἐλθόντες ... εἰς τὸ πέραν
  Mc 8,13 καὶ ἀφεὶς αὐτοὺς πάλιν ἐμβὰς ἀπῆλθεν   εἰς τὸ πέραν.
  Lc 11,29 om.

§ 46. Mc 8,14-21; Mt 16,5-12; (Lc 12,1)

1. Mt 16,5   om.
     Mc 8,14   καὶ εἰ μὴ ἕνα ἄρτον οὐκ εἶχον μεθ᾿ ἑαυτῶν ἐν τῷ πλοίῳ.
     Lc 12,1   om.

2. Mt 16,5-6   καὶ ἐλθόντες οἱ ¹μαθηταὶ ... ἐπελάθοντο ... (6) ὁ δὲ ᾿Ιησοῦς εἶπεν αὐτοῖς·
     Mc 8,14-15   καὶ   ἐπελάθοντο ...(15) ²καὶ διεστέλλετο αὐτοῖς ³λέγων·
     Lc 12,1   ἤρξατο λέγειν πρὸς τοὺς μαθητὰς αὐτοῦ πρῶτον·

3. Mt 16,6   ὁρᾶτε καὶ ¹προσέχετε ἀπὸ τῆς ζύμης τῶν Φαρισαίων καὶ Σαδδουκαίων.
     Mc 8,15   ὁρᾶτε,   βλέπετε   ἀπὸ τῆς ζύμης τῶν Φαρισαίων καὶ ²τῆς ζύμης ῾Ηρῴδου.
     Lc 12,1   προσέχετε ἑαυτοῖς   ἀπὸ τῆς ζύμης, ἥτις ἐστὶν ὑπόκρισις, τῶν Φαρισαίων.

§ 47. Mc 8,22-26

§ 48. Mc 8,27-30; Mt 16,13-20; Lc 9,18-21

1. Mt 16,13   ἐλθὼν δὲ   ὁ ᾿Ιησοῦς   εἰς τὰ μέρη   Καισαρείας
     Mc 8,27   καὶ ἐξῆλθεν   ὁ ᾿Ιησοῦς ... εἰς τὰς κώμας Καισαρείας
     Lc 9,18   καὶ ἐγένετο ἐν τῷ εἶναι αὐτὸν προσευχόμενον κατὰ μόνας

2. Mt 16,13   ἠρώτα   τοὺς μαθητὰς αὐτοῦ
                                              λέγων·
     Mc 8,27   ¹ᵃκαὶ οἱ μαθηταὶ αὐτοῦ ... καὶ ²ἐν τῇ ὁδῷ ἐπηρώτα ¹ᵇτοὺς μαθητὰς αὐτοῦ
                                            λέγων ³αὐτοῖς·
     Lc 9,18   οἱ μαθηταί,   καὶ   ἐπηρώτησεν αὐτοὺς λέγων·

3. Mt 16,14   οἱ δὲ   εἶπαν·   οἱ μὲν ᾿Ιωάννην τὸν βαπτιστήν,
     Mc 8,28   οἱ δὲ   εἶπαν ¹αὐτῷ ²λέγοντες ³ὅτι]   ᾿Ιωάννην τὸν βαπτιστήν,
     Lc 9,19   οἱ δὲ ἀποκριθέντες εἶπαν·   ᾿Ιωάννην τὸν βαπτιστήν,

4. Mt 16,14   ἄλλοι ¹δὲ ᾿Ηλίαν, ἕτεροι δὲ   ᾿Ιερεμίαν ἢ ἕνα τῶν προφητῶν.
     Mc 8,28   καὶ ἄλλοι ᾿Ηλίαν, ἄλλοι δὲ ὅτι   ²εἷς τῶν προφητῶν.
     Lc 9,19   ἄλλοι δὲ ᾿Ηλίαν, ἄλλοι δὲ ὅτι   προφήτης τις ... ἀνέστη.

5. Mt 16,15   ¹λέγει   ²αὐτοῖς· ὑμεῖς δὲ τίνα με λέγετε εἶναι;
     Mc 8,29   ³καὶ ⁴αὐτὸς ⁵ἐπηρώτα αὐτούς· ὑμεῖς δὲ τίνα με λέγετε εἶναι;
     Lc 9,20   εἶπεν δὲ αὐτοῖς· ὑμεῖς δὲ τίνα με λέγετε εἶναι;

6. Mt 16,16   ἀποκριθεὶς ¹δὲ Σίμων Πέτρος ²εἶπεν·
     Mc 8,29   ἀποκριθεὶς   ³ὁ Πέτρος λέγει ⁴αὐτῷ·
     Lc 9,20   Πέτρος   δὲ ἀποκριθεὶς   εἶπεν·

7.　Mt 16,16　σὺ εἶ ὁ χριστὸς ὁ υἱὸς τοῦ θεοῦ τοῦ ζῶντος.
　　Mc　8,29　σὺ εἶ ὁ χριστός.
　　Lc　9,20　　　　τὸν χριστὸν　　　τοῦ θεοῦ.

8.　Mt 16,20　τότε　　　　　　¹διεστείλατο τοῖς μαθηταῖς ἵνα ... ὅτι αὐτός ἐστιν
　　Mc　8,30　²καὶ ἐπετίμησεν αὐτοῖς　　　　　　　ἵνα ... ³περὶ αὐτοῦ.
　　Lc　9,21　ὁ δὲ ἐπιτιμήσας αὐτοῖς παρήγγειλεν　　　... τοῦτο,

§ 49. Mc 8,31-33; Mt 16,21-23; Lc 9,22

1.　Mt 16,21　ἀπὸ τότε ἤρξατο ὁ Ἰησοῦς δεικνύειν τοῖς μαθηταῖς αὐτοῦ ὅτι
　　Mc　8,31　καὶ　　ἤρξατο　　　διδάσκειν αὐτοὺς　　　ὅτι
　　Lc　9,22　　　　　　　　εἰπὼν　　　ὅτι

2.　Mt 16,21　καὶ πολλὰ παθεῖν　　　　　ἀπὸ τῶν πρεσβυτέρων
　　Mc　8,31　　πολλὰ παθεῖν καὶ ἀποδοκιμασθῆναι ὑπὸ τῶν πρεσβυτέρων
　　Lc　9,22　　πολλὰ παθεῖν καὶ ἀποδοκιμασθῆναι ἀπὸ τῶν πρεσβυτέρων

3.　Mt 16,21　καὶ　　ἀρχιερέων καὶ　　γραμματέων ... καὶ ¹τῇ τρίτῃ ἡμέρᾳ ²ἐγερθῆναι.
　　Mc　8,31　καὶ ³τῶν ἀρχιερέων καὶ τῶν γραμματέων ... καὶ μετὰ τρεῖς ἡμέρας ἀναστῆναι·
　　Lc　9,22　καὶ　　ἀρχιερέων καὶ　　γραμματέων ... καὶ τῇ τρίτῃ ἡμέρᾳ ἐγερθῆναι.

4.　Mt　　　　om.
　　Mc　8,32　καὶ παρρησίᾳ τὸν λόγον ἐλάλει.
　　Lc　　　　om.

§ 50. Mc 8,34-9,1; Mt 16,24-28; Lc 9,23-27

1.　Mt 16,24　τότε ὁ Ἰησοῦς εἶπεν　　　　τοῖς μαθηταῖς αὐτοῦ·
　　Mc　8,34　¹καὶ ²προσκαλεσάμενος ³τὸν ὄχλον ⁴σὺν τοῖς μαθηταῖς αὐτοῦ εἶπεν ⁵αὐτοῖς·
　　Lc　9,23　ἔλεγεν δὲ πρὸς πάντας·

2.　Mt 16,24　⁽¹⁾εἴ τις θέλει ὀπίσω μου ²ἐλθεῖν,
　　Mc　8,34　(ὅστις) θέλει ὀπίσω μου ἀκολουθεῖν,　　　N²⁶ εἴ τις
　　Lc　9,23　εἴ τις θέλει ὀπίσω μου ἔρχεσθαι,

3.　Mt 16,25　ὃς γὰρ ἐὰν θέλῃ τὴν ψυχὴν ⁽¹⁾/ αὐτοῦ σῶσαι, ... ²ἀπολέσῃ τὴν ψυχὴν αὐτοῦ
　　Mc　8,35　ὃς γὰρ ἐὰν θέλῃ τὴν ᵃ(ἑαυτοῦ ψυχὴν) σῶσαι, ... ἀπολέσει τὴν ᵇψυχὴν αὐτοῦ
　　Lc　9,24　ὃς γὰρ ἂν θέλῃ τὴν ψυχὴν / αὐτοῦ σῶσαι, ... ἀπολέσῃ τὴν ψυχὴν αὐτοῦ
　　　　　　　　　　　　　　　　　　　　　　　　　　　　　　　　　N²⁶ ψ. αὐτοῦ

4.　Mt 16,25　ἕνεκεν ἐμοῦ,
　　Mc　8,35　ἕνεκεν ἐμοῦ καὶ τοῦ εὐαγγελίου,
　　Lc　9,24　ἕνεκεν ἐμοῦ,

5. Mt 16,26 τί γὰρ ¹ὠφεληθήσεται ἄνθρωπος, ἐὰν τὸν κόσμον ὅλον κερδήσῃ,
   Mc 8,36   τί γὰρ ὠφελεῖ   ἄνθρωπον ²κερδῆσαι τὸν κόσμον ὅλον
   Lc 9,25   τί γὰρ ὠφελεῖται   ἄνθρωπος   κερδήσας τὸν κόσμον ὅλον

6. Mt 16,26 τὴν   ¹δὲ ψυχὴν αὐτοῦ ²// ζημιωθῇ ;
   Mc 8,36   καὶ ζημιωθῆναι τὴν ψυχὴν αὐτοῦ ;
   Lc 9,25   ἑαυτὸν δὲ // ἀπολέσας ἢ ζημιωθείς ;

7. Mt   om.
   Mc 8,38   ἐν τῇ γενεᾷ ταύτῃ τῇ μοιχαλίδι καὶ ἁμαρτωλῷ,
   Lc 9,26   om.

8. Mt 16,28   ἀμὴν λέγω ὑμῖν   ὅτι
   Mc 9,1   καὶ ἔλεγεν αὐτοῖς· ἀμὴν λέγω ὑμῖν ὅτι
   Lc 9,27   λέγω δὲ ὑμῖν ἀληθῶς,

9. Mt 16,28 εἰσίν τινες τῶν ¹/ ὧδε ἑστώτων ... ἐρχόμενον ἐν τῇ βασιλείᾳ αὐτοῦ.
   Mc 9,1   εἰσίν τινες ὧδε   τῶν ἑστηκότων ... ²ἐληλυθυῖαν ἐν δυνάμει.
   Lc 9,27   εἰσίν τινες τῶν / αὐτοῦ ἑστηκότων

§ 51. Mc 9,2-10; Mt 17,1-9; Lc 9,28-36

1. Mt 17,1   τὸν Πέτρον καὶ   Ἰάκωβον καὶ   Ἰωάννην τὸν ἀδελφὸν αὐτοῦ,
   Mc 9,2   τὸν Πέτρον καὶ τὸν Ἰάκωβον καὶ τὸν Ἰωάννην,
   Lc 9,28   Πέτρον καὶ   Ἰωάννην καὶ   Ἰάκωβον

2. Mt 17,1   καὶ ἀναφέρει αὐτοὺς εἰς   ὄρος ὑψηλὸν κατ' ἰδίαν.
   Mc 9,2   καὶ ἀναφέρει αὐτοὺς εἰς   ὄρος ὑψηλὸν κατ' ἰδίαν μόνους.
   Lc 9,28   ἀνέβη   εἰς τὸ ὄρος   προσεύξασθαι.

3. Mt 17,2   καὶ μετεμορφώθη ... καὶ ἔλαμψεν   τὸ πρόσωπον αὐτοῦ ὡς ὁ ἥλιος,
   Mc 9,2   καὶ μετεμορφώθη ...
   Lc 9,29   καὶ ἐγένετο ...   τὸ εἶδος τοῦ προσώπου αὐτοῦ ἕτερον

4. Mt 17,2   τὰ δὲ ἱμάτια   αὐτοῦ ἐγένετο   λευκὰ ὡς τὸ φῶς.
   Mc 9,3   καὶ τὰ ἱμάτια   αὐτοῦ ἐγένετο ¹στίλβοντα λευκὰ ²λίαν,
             ³οἷα γναφεὺς ἐπὶ τῆς γῆς οὐ δύναται οὕτως λευκᾶναι.
   Lc 9,29   καὶ ὁ ἱματισμὸς αὐτοῦ   λευκὸς ἐξαστράπτων.

5. Mt 17,3   καὶ ¹ἰδοὺ   ὤφθη αὐτοῖς Μωϋσῆς ²/ καὶ Ἠλίας
   Mc 9,4   καὶ   ὤφθη αὐτοῖς Ἠλίας σὺν Μωϋσεῖ,
   Lc 9,30   καὶ ἰδοὺ ἄνδρες δύο ... οἵτινες ἦσαν Μωϋσῆς / καὶ Ἠλίας,

6.   Mt 17,3   ¹Μωϋσῆς καὶ Ἠλίας   συλλαλοῦντες ²μετ' αὐτοῦ.
      Mc 9,4   Ἠλίας σὺν Μωϋσεῖ, ³καὶ ἦσαν συλλαλοῦντες τῷ Ἰησοῦ.
      Lc 9,30   συνελάλουν αὐτῷ, οἵτινες ἦσαν Μωϋσῆς καὶ Ἠλίας,

7.   Mt 17,4   ἀποκριθεὶς δὲ ὁ Πέτρος ¹εἶπεν τῷ Ἰησοῦ· κύριε, …· εἰ θέλεις, ποιήσω
                                                 ὧδε τρεῖς σκηνάς,
      Mc 9,5   καὶ ἀποκριθεὶς ὁ Πέτρος λέγει τῷ Ἰησοῦ· ²ῥαββί, …, καὶ   ποιήσωμεν
                                                  τρεῖς σκηνάς,
      Lc 9,33   εἶπεν ὁ Πέτρος πρὸς τὸν Ἰησοῦν· ἐπιστάτα, …, καὶ   ποιήσωμεν
                                                  σκηνὰς τρεῖς,

8.   Mt (17,6)   καὶ ¹ἐφοβήθησαν σφόδρα.
      Mc 9,6   ²ἔκφοβοι γὰρ ἐγένοντο.
      Lc (9,34)   ἐφοβήθησαν δὲ ἐν τῷ εἰσελθεῖν αὐτοὺς εἰς τὴν νεφέλην.

9.   Mt 17,5   ¹ἔτι   αὐτοῦ λαλοῦντος, ἰδοὺ   νεφέλη φωτεινὴ ²ἐπεσκίασεν ³αὐτούς,
      Mc 9,7   ⁴καὶ   ἐγένετο νεφέλη   ἐπισκιάζουσα αὐτοῖς,
      Lc 9,34   ταῦτα δὲ αὐτοῦ λέγοντος   ἐγένετο νεφέλη καὶ   ἐπεσκίαζεν   αὐτούς·

10.   Mt 17,5   καὶ ἰδοὺ   φωνὴ ἐκ τῆς νεφέλης λέγουσα·
      Mc 9,7   καὶ ἐγένετο φωνὴ ἐκ τῆς νεφέλης·
      Lc 9,35   καὶ φωνὴ ἐγένετο ἐκ τῆς νεφέλης λέγουσα·

11.   Mt 17,8   ἐπάραντες δὲ τοὺς ὀφθαλμοὺς αὐτῶν
      Mc 9,8   καὶ ¹ἐξάπινα ²περιβλεψάμενοι
      Lc 9,36   καὶ ἐν τῷ γενέσθαι τὴν φωνήν

12.   Mt 17,8   οὐδένα εἶδον εἰ μὴ αὐτὸν Ἰησοῦν μόνον.
      Mc 9,8   ¹οὐκέτι οὐδένα εἶδον ²ἀλλὰ τὸν   Ἰησοῦν μόνον ³μεθ' ἑαυτῶν.
      Lc 9,36   εὑρέθη   Ἰησοῦς μόνος.

13.   Mt 17,9   μηδενὶ εἴπητε   // τὸ ὅραμα
      Mc 9,9   ἵνα μηδενὶ ἃ εἶδον διηγήσωνται,
      Lc 9,36   καὶ οὐδενὶ ἀπήγγειλαν … // οὐδὲν ὧν ἑώρακαν.

14.   Mt 17,9   ἐνετείλατο   αὐτοῖς ὁ Ἰησοῦς λέγων· μηδενὶ εἴπητε τὸ ὅραμα
      Mc 9,9-10   ᵃδιεστείλατο αὐτοῖς ἵνα   μηδενὶ ἃ εἶδον διηγήσωνται, …
              (10) ᵇκαὶ τὸν λόγον ἐκράτησαν πρὸς ἑαυτούς
      Lc 9,36   καὶ αὐτοὶ ἐσίγησαν καὶ οὐδενὶ ἀπήγγειλαν … οὐδὲν ὧν ἑώρακαν.

15.   Mt 17,9   om.
      Mc 9,10   καὶ τὸν λόγον ἐκράτησαν πρὸς ἑαυτοὺς συζητοῦντες τί ἐστιν τὸ ἐκ νεκρῶν
             ἀναστῆναι.
      Lc 9,36   om.

§ 52. Mc 9,11-13 ; Mt 17,10-13

§ 53. Mc 9,14-29 ; Mt 17,14-21 ; Lc 9,37-43a

1. Mt 17,14   καὶ ¹ἐλθόντων πρὸς τὸν   ὄχλον
   Mc 9,14   καὶ ἐλθόντες ²πρὸς τοὺς μαθητὰς εἶδον   ὄχλον πολύν
   Lc 9,37   κατελθόντων αὐτῶν ἀπὸ τοῦ ὄρους συνήντησεν αὐτῷ ὄχλος πολύς.

2. Mt 17,14   τὸν ὄχλον
   Mc 9,14   ὄχλον πολὺν περὶ αὐτοὺς καὶ γραμματεῖς συζητοῦντας πρὸς αὐτούς.
   Lc 9,37   ὄχλος πολύς.

3. Mt 17,14   om.
   Mc 9,15-16   ¹καὶ εὐθὺς πᾶς ὁ ὄχλος ἰδόντες αὐτὸν ²ἐξεθαμβήθησαν⌝, καὶ προστρέχοντες ἠσπάζοντο αὐτόν. (16) καὶ ἐπηρώτησεν αὐτούς· τί συζητεῖτε πρὸς αὐτούς ;
   Lc 9,37   om.

4. Mt 17,14-15   προσῆλθεν   αὐτῷ ¹ἄνθρωπος   γονυπετῶν αὐτὸν (15) καὶ   ²λέγων·
   Mc 9,17   καὶ ³ἀπεκρίθη αὐτῷ εἷς ἐκ τοῦ ὄχλου·
   Lc 9,38   καὶ ἰδοὺ   ἀνὴρ ἀπὸ τοῦ ὄχλου   ἐβόησεν λέγων·

5. Mt 17,15   κύριε,   ¹ἐλέησόν   μου τὸν υἱόν,
   Mc 9,17   διδάσκαλε, ²ἤνεγκα   τὸν υἱόν μου ³πρὸς σέ,
   Lc 9,38   διδάσκαλε, δέομαί σου ἐπιβλέψαι ἐπὶ   τὸν υἱόν μου,

6. Mt 17,15   ¹ὅτι σεληνιάζεται καὶ κακῶς πάσχει·
   Mc 9,17-18   ²ἔχοντα πνεῦμα ἄλαλον· (18) καὶ ³ὅπου ἐὰν αὐτὸν καταλάβῃ,
   Lc 9,38-39   ὅτι μονογενής μοί ἐστιν,   (39) καὶ ἰδοὺ πνεῦμα   λαμβάνει αὐτόν,

7. Mt 17,15   om.
   Mc 9,18   ῥήσσει αὐτόν, καὶ ἀφρίζει καὶ τρίζει τοὺς ὀδόντας καὶ ξηραίνεται·
   Lc 9,39   καὶ ἐξαίφνης κράζει καὶ σπαράσσει αὐτὸν μετὰ ἀφροῦ,

8. Mt 17,16   καὶ προσήνεγκα αὐτὸν ... καὶ οὐκ ¹ἠδυνήθησαν αὐτὸν θεραπεῦσαι.
   Mc 9,18   καὶ ²εἶπα ...   καὶ οὐκ ἴσχυσαν.
   Lc 9,40   καὶ ἐδεήθην ...   καὶ οὐκ ἠδυνήθησαν.

9. Mt 17,17   ἀποκριθεὶς ¹/ δὲ ὁ ²·¹Ἰησοῦς   ³εἶπεν·
   Mc 9,19   ὁ δὲ ἀποκριθεὶς   ⁴αὐτοῖς λέγει·
   Lc 9,41   ἀποκριθεὶς / δὲ ὁ Ἰησοῦς   εἶπεν·

10. Mt 17,17   ὦ γενεὰ ἄπιστος ¹καὶ διεστραμμένη, ἕως ... ; φέρετέ μοι αὐτὸν ²ὧδε.
    Mc 9,19   ὦ γενεὰ ἄπιστος,   ἕως ... ; φέρετε   αὐτὸν πρός με.
    Lc 9,41   ὦ γενεὰ ἄπιστος καὶ διεστραμμένη, ἕως ... ; προσάγαγε   ὧδε τὸν υἱόν σου.

11. Mt 17,17   om.
     Mc 9,20   καὶ ¹ἤνεγκαν αὐτὸν πρὸς αὐτόν. καὶ ἰδὼν αὐτὸν τὸ πνεῦμα εὐθὺς συνεσπάραξεν
               αὐτόν,²καὶ πεσὼν ἐπὶ τῆς γῆς ἐκυλίετο ἀφρίζων.
     Lc 9,42   ἔτι δὲ προσερχομένου αὐτοῦ   ἔρρηξεν αὐτὸν τὸ δαιμόνιον καὶ συνεσπάραξεν·

12. Mt 17,17   om.
     Mc 9,21   καὶ ἐπηρώτησεν τὸν πατέρα αὐτοῦ· πόσος χρόνος ἐστὶν ὡς τοῦτο γέγονεν αὐτῷ;
               ὁ δὲ εἶπεν· ἐκ παιδιόθεν·
     Lc 9,42   om.

13. Mt (17,15b)   πολλάκις γὰρ πίπτει   εἰς τὸ πῦρ   καὶ πολλάκις εἰς τὸ ὕδωρ.
     Mc 9,22   καὶ πολλάκις   καὶ εἰς   πῦρ αὐτὸν ἔβαλεν καὶ   εἰς   ὕδατα
               ἵνα ἀπολέσῃ αὐτόν· ἀλλ' εἴ τι δύνῃ, βοήθησον ἡμῖν σπλαγχνισθεὶς ἐφ' ἡμᾶς.
     Lc 9,42   om.

14. Mt 17,17   om. (17,20 : ἐὰν ἔχητε πίστιν ... καὶ οὐδὲν ἀδυνατήσει ὑμῖν.)
     Mc 9,23   ὁ δὲ Ἰησοῦς εἶπεν αὐτῷ· τὸ εἰ δύνῃ, πάντα δυνατὰ τῷ πιστεύοντι.
     Lc 9,42   om.

15. Mt 17,17   om.
     Mc 9,24   εὐθὺς κράξας ὁ πατὴρ τοῦ παιδίου ἔλεγεν· πιστεύω· βοήθει μου τῇ ἀπιστίᾳ.
     Lc 9,42   om.

16. Mt 17,18   καὶ ἐπετίμησεν αὐτῷ ¹// ²ὁ Ἰησοῦς,
     Mc 9,25   ³ἰδὼν δὲ ὁ Ἰησοῦς ὅτι ἐπισυντρέχει ὄχλος, ἐπετίμησεν   τῷ
     Lc 9,42   ἐπετίμησεν δὲ   //   ὁ Ἰησοῦς τῷ

17. Mt 17,18   om.
     Mc 9,25   λέγων αὐτῷ· τὸ ἄλαλον καὶ κωφὸν πνεῦμα, ἐγὼ ἐπιτάσσω σοι, ἔξελθε ἐξ αὐτοῦ
               καὶ μηκέτι εἰσέλθῃς εἰς αὐτόν.
     Lc 9,42   om.

18. Mt 17,18   καὶ   ἐξῆλθεν ἀπ' ⁽¹⁾αὐτοῦ τὸ δαιμόνιον,
     Mc 9,26   καὶ ²κράξας καὶ πολλὰ σπαράξας ἐξῆλθεν·
     Lc 9,42   καὶ   (ἀφῆκεν   αὐτόν)   N²⁶ om

19. Mt 17,18   om.
     Mc 9,26   καὶ ἐγένετο ὡσεὶ νεκρός, ὥστε τοὺς πολλοὺς λέγειν ὅτι ἀπέθανεν.
     Lc 9,42   om.

20. Mt 17,18   om.
     Mc 9,27   ὁ δὲ Ἰησοῦς κρατήσας τῆς χειρὸς αὐτοῦ ἤγειρεν αὐτόν, καὶ ἀνέστη.
     Lc 9,42   om.

21. Mt 17,18   ¹καὶ   ²ἐθεραπεύθη   ³ὁ παῖς   ἀπὸ τῆς ὥρας ἐκείνης.
     Mc 9,27   ὁ δὲ ... ἤγειρεν   αὐτόν, καὶ ἀνέστη.
     Lc 9,42   καὶ ἰάσατο   τὸν παῖδα καὶ ἀπέδωκεν αὐτὸν τῷ πατρὶ αὐτοῦ.

22. Mt 17,19   τότε προσελθόντες   οἱ μαθηταὶ τῷ Ἰησοῦ κατ' ἰδίαν
     Mc 9,28   καὶ εἰσελθόντος αὐτοῦ εἰς οἶκον οἱ μαθηταὶ αὐτοῦ   κατ' ἰδίαν
     Lc 9,43   om.

23. Mt 17,20   ὁ δὲ λέγει αὐτοῖς· ...   καὶ οὐδὲν ἀδυνατήσει ὑμῖν.
     Mc 9,29   καὶ εἶπεν αὐτοῖς· τοῦτο τὸ γένος ἐν   οὐδενὶ δύναται ἐξελθεῖν εἰ μὴ ἐν προσευχῇ.
     Lc 9,43   om.

§ 54. Mc 9,30-32; Mt 17,22-23; Lc 9,43b-45

1. Mt 17,22   ¹συστρεφομένων ²δὲ αὐτῶν ἐν τῇ Γαλιλαίᾳ
     Mc 9,30   ³κἀκεῖθεν ἐξελθόντες παρεπορεύοντο   διὰ τῆς Γαλιλαίας,
     Lc 9,43   πάντων δὲ θαυμαζόντων

2. Mt 17,22   om.
     Mc 9,30   καὶ οὐκ ἤθελεν ἵνα τις γνοῖ·
     Lc 9,43   om.

3. Mt 17,22   ¹εἶπεν αὐτοῖς ὁ Ἰησοῦς·
     Mc 9,31   ²ἐδίδασκεν γὰρ τοὺς μαθητὰς αὐτοῦ, καὶ ἔλεγεν αὐτοῖς   ³ὅτι
     Lc 9,43   εἶπεν πρὸς τοὺς μαθητὰς αὐτοῦ·

4. Mt 17,22   μέλλει ὁ   υἱὸς τοῦ ἀνθρώπου   παραδίδοσθαι
     Mc 9,31   ὁ   υἱὸς τοῦ ἀνθρώπου   παραδίδοται
     Lc 9,44   ὁ γὰρ υἱὸς τοῦ ἀνθρώπου μέλλει παραδίδοσθαι

5. Mt 17,23   καὶ ἀποκτενοῦσιν αὐτόν, καὶ   τῇ τρίτῃ ἡμέρᾳ ἐγερθήσεται.
     Mc 9,31   καὶ ἀποκτενοῦσιν αὐτόν, καὶ ἀποκτανθεὶς μετὰ τρεῖς ἡμέρας ἀναστήσεται.
     Lc 9,44   om.

§ 55. Mc 9,33-37; Mt 18,1-5; Lc 9,46-48

1. Mt(17,24-25) ἐλθόντων ¹δὲ αὐτῶν εἰς Καφαρναοὺμ ...(25)... καὶ ἐλθόντα εἰς τὴν οἰκίαν
     Mt 18,1   ἐν ἐκείνῃ τῇ ὥρᾳ
     Mc 9,33   ²καὶ ἦλθον εἰς Καφαρναούμ.   καὶ ἐν τῇ οἰκίᾳ γενόμενος
     Lc 9,46   εἰσῆλθεν δὲ

2. Mt 18,1   προσῆλθον οἱ μαθηταὶ τῷ Ἰησοῦ λέγοντες·
     Mc 9,33-34 ἐπηρώτα αὐτούς· τί ἐν τῇ ὁδῷ διελογίζεσθε; (34) οἱ δὲ ἐσιώπων· πρὸς ἀλλήλους
                  γὰρ διελέχθησαν ἐν τῇ ὁδῷ
     Lc 9,46   εἰσῆλθεν δὲ   διαλογισμὸς   ἐν αὐτοῖς,

3. Mt 18,1   τίς ἄρα   μείζων ἐστὶν ἐν τῇ βασιλείᾳ τῶν οὐρανῶν ;
    Mc 9,34   τίς   μείζων.
    Lc 9,46   τὸ τίς ἂν εἴη μείζων αὐτῶν.

4. Mt   om.
    Mc 9,35   καὶ καθίσας ἐφώνησεν τοὺς δώδεκα καὶ λέγει αὐτοῖς· εἴ τις θέλει πρῶτος
                    εἶναι, ἔσται πάντων ἔσχατος καὶ πάντων διάκονος.
    Lc   om.

5. Mt 18,4   ὅστις οὖν ταπεινώσει ἑαυτὸν ... [1]// [2]οὗτός ἐστιν ὁ μείζων
    Mt (23,11)   [3]ὁ δὲ   μείζων   ὑμῶν ἔσται ὑμῶν διάκονος. (cf. Mc 10,43 ; Mt 20,26)
    Mc 9,35   εἴ τις θέλει [4]πρῶτος εἶναι, ἔσται [5]πάντων ἔσχατος καὶ πάντων διάκονος.
    Lc 9,48   ὁ γὰρ μικρότερος ἐν πᾶσιν ὑμῖν ὑπάρχων, // οὗτός ἐστιν μέγας.
    Lc (22,26)   ἀλλ᾿ ὁ μείζων ἐν ὑμῖν γινέσθω ὡς ὁ νεώτερος, καὶ ὁ ἡγούμενος ὡς ὁ διακονῶν.
                 (cf. Mc 10,43)

6. Mt 18,2-3   καὶ [1]προσκαλεσάμενος παιδίον ... (3) καὶ   εἶπεν·
    Mc 9,36   καὶ   λαβὼν   παιδίον ...   καὶ [2]ἐναγκαλισάμενος αὐτὸ εἶπεν αὐτοῖς·
    Lc 9,47-48   ἐπιλαβόμενος   παιδίον ...(48) καὶ   εἶπεν αὐτοῖς·

7. Mt 18,5   καὶ ὃς [1]ἐὰν δέξηται [2]// ἐν [3]παιδίον τοιοῦτο
    Mc 9,37   ὃς ἂν ἓν τῶν τοιούτων παιδίων δέξηται ...· καὶ ὃς ἂν ἐμὲ δέχηται,
    Lc 9,48   ὃς ἐὰν   δέξηται // τοῦτο τὸ παιδίον ...· καὶ ὃς ἂν ἐμὲ δέξηται,

8. Mt 18,5   om.
    Mc 9,37   οὐκ ἐμὲ δέχεται ἀλλὰ τὸν ἀποστείλαντά με.
    Lc 9,48   δέχεται   τὸν ἀποστείλαντά με·

§ 56. Mc 9,38-41; Lc 9,49-50

§ 57. Mc 9,42-48; Mt 18,6-9; (Lc 17,1-2)

1. Mt 18,7   ἀνάγκη γὰρ   ἐλθεῖν τὰ σκάνδαλα,   πλὴν οὐαὶ τῷ ἀνθρώπῳ δι᾿ οὗ
                 τὸ σκάνδαλον ἔρχεται.
    Mc 9,42   om.
    Lc 17,1   ἀνένδεκτόν ἐστιν τοῦ   τὰ σκάνδαλα μὴ ἐλθεῖν, πλὴν οὐαὶ   δι᾿ οὗ
                 ἔρχεται·

§ 58. Mc 9,49-50; (Mt 5,13); (Lc 14,34-35)

1. Mt 5,13   ὑμεῖς ἐστε   τὸ ἅλας τῆς γῆς·
   Mc 9,49-50   πᾶς γὰρ πυρὶ ἁλισθήσεται. (50) καλὸν   τὸ ἅλας·
   Lc 14,34   καλὸν οὖν τὸ ἅλας·

2. Mt 5,13   ἐὰν δὲ   τὸ ἅλας ¹μωρανθῇ,   ἐν τίνι   ²ἁλισθήσεται ;
   Mc 9,50   ἐὰν δὲ   τὸ ἅλας ἄναλον γένηται, ἐν τίνι ³αὐτὸ ἀρτύσετε ;
   Lc 14,34   ἐὰν δὲ καὶ τὸ ἅλας μωρανθῇ,   ἐν τίνι   ἀρτυθήσεται ;

3. Mt 5,13   εἰς οὐδὲν   ἰσχύει ἔτι εἰ μὴ βληθὲν ἔξω
   Mc 9,50   om.
   Lc 14,35   οὔτε εἰς γῆν οὔτε εἰς κοπρίαν εὔθετόν ἐστιν· ἔξω βάλλουσιν αὐτό.

4. Mt (5,13)   ὑμεῖς ἐστε τὸ ἅλας τῆς γῆς·
   Mc 9,50   ἔχετε ἐν ἑαυτοῖς ἅλα καὶ εἰρηνεύετε ἐν ἀλλήλοις.
   Lc 14,35   om.

§ 59. Mc 10,1-12; Mt 19,1-12

1. Mt 19,1   καὶ ¹ἐγένετο ὅτε ἐτέλεσεν ὁ Ἰησοῦς τοὺς λόγους ... καὶ ἦλθεν   εἰς
   Mc 10,1   καὶ ἐκεῖθεν ἀναστὰς   ²ἔρχεται   εἰς
   Lc (9,51)   ἐγένετο δὲ ἐν τῷ συμπληροῦσθαι τὰς ἡμέρας ... τοῦ πορεύεσθαι εἰς

2. Mt 19,1   καὶ ἐγένετο ὅτε ἐτέλεσεν ...   μετῆρεν ἀπὸ τῆς   Γαλιλαίας
   Mc 10,1   καὶ   ἐκεῖθεν ἀναστὰς ἔρχεται
   Lc (17,11)   καὶ ἐγένετο ἐν τῷ πορεύεσθαι ... διὰ μέσον Σαμαρείας καὶ Γαλιλαίας.

3. Mt 19,9   ὃς ἂν ἀπολύσῃ τὴν γυναῖκα ... καὶ γαμήσῃ ἄλλην, μοιχᾶται.
   Mt (5,32)   ¹πᾶς ὁ ἀπολύων τὴν γυναῖκα ...   ποιεῖ αὐτὴν ²μοιχευθῆναι,
   Mc 10,11   ὃς ἂν ἀπολύσῃ τὴν γυναῖκα ... καὶ γαμήσῃ ἄλλην, μοιχᾶται ³ἐπ᾽ αὐτήν·
   Lc (16,18)   πᾶς ὁ ἀπολύων τὴν γυναῖκα ... καὶ γαμῶν ἑτέραν μοιχεύει,

4. Mt (5,32)   καὶ ὃς ἐὰν ¹ἀπολελυμένην   γαμήσῃ,   μοιχᾶται.
   Mt 19,9   om.
   Mc 10,12   ²καὶ ἐὰν αὐτὴ ἀπολύσασα τὸν ἄνδρα αὐτῆς γαμήσῃ ἄλλον, μοιχᾶται.
   Lc (16,18)   καὶ ὁ   ἀπολελυμένην ἀπὸ ἀνδρὸς   γαμῶν   μοιχεύει.

§ 60. Mc 10,13-16; Mt 19,13-15; Lc 18,15-17

1. Mt 19,13   τότε ¹προσηνέχθησαν αὐτῷ ... ἐπετίμησαν αὐτοῖς.
   Mc 10,13   ²καὶ προσέφερον αὐτῷ ... ἐπετίμησαν αὐτοῖς.
   Lc 18,15   προσέφερον δὲ αὐτῷ ... ἐπετίμων αὐτοῖς.

2. Mt 19,14   ὁ δὲ Ἰησοῦς   εἶπεν·
   Mc 10,14   ¹ἰδὼν δὲ ὁ Ἰησοῦς ²ἠγανάκτησεν καὶ εἶπεν ³αὐτοῖς·
   Lc 18,16   ὁ δὲ Ἰησοῦς προσεκαλέσατο αὐτὰ λέγων·

3. Mt 19,14   ἄφετε τὰ παιδία   καὶ μὴ κωλύετε αὐτὰ ἐλθεῖν πρός με·
   Mc 10,14   ἄφετε τὰ παιδία ἔρχεσθαι πρός με,   μὴ κωλύετε αὐτά·
   Lc 18,16   ἄφετε τὰ παιδία ἔρχεσθαι πρός με καὶ μὴ κωλύετε αὐτά·

4. Mt 19,15   καὶ   ἐπιθεὶς τὰς χεῖρας αὐτοῖς
   Mc 10,16   καὶ ἐναγκαλισάμενος αὐτὰ⁷ κατευλόγει τιθεὶς τὰς χεῖρας ἐπ' αὐτά.
   Lc 18,17   om.

§ 61. Mc 10,17-22; Mt 19,16-22; Lc 18,18-23

1. Mt 19,(15).16   ἐπορεύθη ἐκεῖθεν.   (16) καὶ ἰδοὺ   εἷς προσελθὼν αὐτῷ
   Mc 10,17   ¹καὶ ἐκπορευομένου αὐτοῦ εἰς ὁδὸν προσδραμὼν εἷς ²καὶ γονυπετήσας αὐτόν
   Lc 18,18   καὶ...   τις ... ἄρχων

2. Mt 19,16   αὐτῷ ¹εἶπεν·
   Mc 10,17   ²ἐπηρώτα αὐτόν·
   Lc 18,18   καὶ ἐπηρώτησέν τις αὐτὸν ἄρχων λέγων·

3. Mt 19,18   οὐ ψευδομαρτυρήσεις,
   Mc 10,19   μὴ ψευδομαρτυρήσῃς, μὴ ἀποστερήσῃς,
   Lc 18,20   μὴ ψευδομαρτυρήσῃς,

4. Mt 19,20   ¹λέγει αὐτῷ ὁ νεανίσκος·
   Mc 10,20   ὁ δὲ ἔφη αὐτῷ·   ²διδάσκαλε,
   Lc 18,21   ὁ δὲ εἶπεν·

5. Mt 19,20   πάντα ταῦτα ἐφύλαξα·
   Mc 10,20   ταῦτα πάντα ἐφυλαξάμην ἐκ νεότητός μου.
   Lc 18,21   ταῦτα πάντα ἐφύλαξα ἐκ νεότητος.

6. Mt 19,21   ἔφη αὐτῷ ὁ Ἰησοῦς·
   Mc 10,21   ὁ δὲ Ἰησοῦς ἐμβλέψας αὐτῷ ἠγάπησεν αὐτὸν καὶ εἶπεν αὐτῷ·
   Lc 18,22   ἀκούσας δὲ ὁ Ἰησοῦς   εἶπεν αὐτῷ·

7. Mt 19,(20).21 τί ¹ἔτι   ὑστερῶ ; (21) ... καὶ   δὸς [τοῖς] πτωχοῖς,
   Mc 10,21   ἕν σε ὑστερεῖ· ... καὶ   δὸς ⁽²⁾[τοῖς] πτωχοῖς,
   Lc 18,22   ἔτι ἕν σοι λείπει· ...   καὶ διάδος   πτωχοῖς,

8. Mt 19,21   καὶ ἕξεις θησαυρὸν ἐν   οὐρανοῖς,
   Mc 10,21   καὶ ἕξεις θησαυρὸν ἐν   οὐρανῷ,
   Lc 18,22   καὶ ἕξεις θησαυρὸν ἐν τοῖς οὐρανοῖς,

9. Mt 19,22   ¹ἀκούσας δὲ ὁ νεανίσκος τὸν λόγον (τοῦτον) ἀπῆλθεν λυπούμενος·   N²⁶ om
   Mc 10,22   ὁ δὲ ²στυγνάσας ἐπὶ   τῷ λόγῳ   ἀπῆλθεν λυπούμενος,
   Lc 18,23   ὁ δὲ ἀκούσας   ταῦτα περίλυπος ἐγενήθη,

10. Mt 19,22.23   ἔχων κτήματα πολλά. (23) ... πλούσιος
    Mc 10,22.23   ἔχων κτήματα πολλά. (23) ... οἱ τὰ χρήματα ἔχοντες
    Lc 18,23.24   πλούσιος   σφόδρα. (24) ... οἱ τὰ χρήματα ἔχοντες

§ 62. Mc 10,23-27; Mt 19,23-26; Lc 18,24-27

1. Mt 19,23   ὁ ¹δὲ Ἰησοῦς   ²εἶπεν τοῖς μαθηταῖς αὐτοῦ·
   Mc 10,23   καὶ ³περιβλεψάμενος ὁ   Ἰησοῦς   λέγει τοῖς μαθηταῖς αὐτοῦ·
   Lc 18,24   ἰδὼν δὲ αὐτὸν   ὁ   Ἰησοῦς ... εἶπεν

2. Mt 19,24   πάλιν δὲ λέγω ὑμῖν,
   Mc 10,24   οἱ δὲ μαθηταὶ ἐθαμβοῦντο ἐπὶ τοῖς λόγοις αὐτοῦ.⌐ ὁ δὲ Ἰησοῦς πάλιν ἀποκριθεὶς
   λέγει αὐτοῖς· ⌜⌜τέκνα, πῶς δύσκολόν ἐστιν εἰς τὴν βασιλείαν τοῦ θεοῦ εἰσ-
   ελθεῖν·⌝⌝
   Lc   om.

3. Mt 19,24   πάλιν δὲ λέγω ὑμῖν, εὐκοπώτερόν   ἐστιν
   Mc 10,25   εὐκοπώτερόν   ἐστιν
   Lc 18,25   εὐκοπώτερον γάρ ἐστιν

4. Mt 19,24   διὰ   ⁽¹⁾τρυπήματος   ῥαφίδος ⁽²⁾διελθεῖν ἢ πλούσιον εἰσελθεῖν εἰς
   Mc 10,25   διὰ ³[τῆς] τρυμαλιᾶς [τῆς] ῥαφίδος   διελθεῖν ἢ πλούσιον εἰς ... εἰσελθεῖν.
   Lc 18,25   διὰ   τρήματος   βελόνης εἰσελθεῖν ἢ πλούσιον εἰς ... εἰσελθεῖν.

5. Mt 19,25   ¹ἀκούσαντες δὲ οἱ μαθηταὶ   ἐξεπλήσσοντο σφόδρα λέγοντες·
   Mc 10,26   οἱ δὲ   περισσῶς ἐξεπλήσσοντο   λέγοντες ²πρὸς ἑαυτούς·
   Lc 18,26   εἶπαν δὲ οἱ ἀκούσαντες·

6. Mt 19,26   ἐμβλέψας ¹δὲ   ὁ Ἰησοῦς ²εἶπεν αὐτοῖς·
   Mc 10,27   ἐμβλέψας   αὐτοῖς ὁ Ἰησοῦς λέγει·
   Lc 18,27   ὁ δὲ   εἶπεν·

7. Mt 19,26   παρὰ ἀνθρώποις τοῦτο   ἀδύνατόν ¹ἐστιν,   παρὰ δὲ θεῷ πάντα δυνατά.
  Mc 10,27   παρὰ ἀνθρώποις   ἀδύνατον, ²ἀλλ' οὐ παρὰ θεῷ·
                       πάντα γὰρ δυνατὰ   παρὰ τῷ θεῷ.
  Lc 18,27   τὰ ἀδύνατα παρὰ ἀνθρώποις δυνατὰ   παρὰ τῷ θεῷ ἐστιν.

§ 63. Mc 10,28-31; Mt 19,27-30; Lc 18,28-30

1. Mt 19,27   ¹τότε ἀποκριθεὶς   ὁ Πέτρος ²εἶπεν αὐτῷ·
  Mc 10,28   ³ἤρξατο λέγειν ὁ Πέτρος   αὐτῷ·
  Lc 18,28   εἶπεν δὲ   ὁ Πέτρος·

2. Mt 19,27   ἰδοὺ ἡμεῖς ἀφήκαμεν πάντα καὶ ἠκολουθήσαμέν σοι·
  Mc 10,28   ἰδοὺ ἡμεῖς ἀφήκαμεν πάντα καὶ ἠκολουθήκαμέν σοι.
  Lc 18,28   ἰδοὺ ἡμεῖς ἀφέντες τὰ ἴδια ἠκολουθήσαμέν σοι.

3. Mt 19,28   ὁ ¹δὲ Ἰησοῦς ²/ ³εἶπεν ⁴αὐτοῖς· ἀμὴν λέγω ὑμῖν ⁵ὅτι ὑμεῖς
  Mc 10,29   ἔφη ὁ   Ἰησοῦς·   ἀμὴν λέγω ὑμῖν,   οὐδείς
  Lc 18,29   ὁ δὲ   / εἶπεν αὐτοῖς· ἀμὴν λέγω ὑμῖν ὅτι οὐδείς

4. Mt 19,29   ἕνεκεν τοῦ   ὀνόματός μου,
  Mc 10,29   ἕνεκεν   ἐμοῦ   καὶ ἕνεκεν τοῦ εὐαγγελίου,
  Lc 18,29   ἕνεκεν   τῆς βασιλείας τοῦ θεοῦ,

5. Mt 19,29   ⁽¹⁾ἑκατονταπλασίονα λήμψεται,
  Mc 10,30   ²ἐὰν μὴ   λάβῃ ἑκατονταπλασίονα
  Lc 18,30   ὃς οὐχὶ μὴ [ἀπο]λάβῃ   πολλαπλασίονα

6. Mt 19,29   om.
  Mc 10,30   ¹ᵃνῦν ᵇἐν τῷ καιρῷ τούτῳ ²οἰκίας καὶ ἀδελφοὺς καὶ ἀδελφὰς καὶ μητέρας καὶ
                 τέκνα καὶ ἀγροὺς ³μετὰ διωγμῶν,
  Lc 18,30   ἐν τῷ καιρῷ τούτῳ

7. Mt 19,30   πολλοὶ δὲ ἔσονται πρῶτοι ἔσχατοι   καὶ   ἔσχατοι πρῶτοι.
  Mc 10,31   πολλοὶ δὲ ἔσονται πρῶτοι ἔσχατοι   καὶ [οἱ] ἔσχατοι πρῶτοι.
  Lc 18,30   om.
  Lc (13,30)   καὶ ἰδοὺ εἰσὶν ἔσχατοι οἳ ἔσονται πρῶτοι, καὶ εἰσὶν πρῶτοι οἳ ἔσονται ἔσχατοι.

§ 64. Mc 10,32-34; Mt 20,17-19; Lc 18,31-34

1. Mt 20,17   καὶ ἀναβαίνων ὁ Ἰησοῦς εἰς Ἱεροσόλυμα
  Mc 10,32   ἦσαν δὲ ἐν τῇ ὁδῷ ἀναβαίνοντες   εἰς Ἱεροσόλυμα, καὶ ἦν προάγων αὐτοὺς
                 ὁ Ἰησοῦς, καὶ ἐθαμβοῦντο, οἱ δὲ ἀκολουθοῦντες ἐφοβοῦντο.
  Lc 18,31   om.
  Lc (19,28)   ἐπορεύετο ἔμπροσθεν ἀναβαίνων   εἰς Ἱεροσόλυμα.

2. Mt 20,17   παρέλαβεν τοὺς δώδεκα [μαθητὰς] κατ' ἰδίαν, καὶ ... ¹εἶπεν ²/ αὐτοῖς·
   Mc 10,32-33   ³καὶ παραλαβὼν ⁴πάλιν τοὺς δώδεκα   ⁵ἤρξατο αὐτοῖς λέγειν
              ⁶τὰ μέλλοντα αὐτῷ συμβαίνειν, (33) ⁷ὅτι
   Lc 18,31   παραλαβὼν δὲ   τοὺς δώδεκα   εἶπεν / πρὸς αὐτούς·

3. Mt 20,19   εἰς τὸ ἐμπαῖξαι
   Mc 10,34   καὶ   ¹ἐμπαίξουσιν ²αὐτῷ καὶ ἐμπτύσουσιν αὐτῷ
   Lc 18,32   καὶ   ἐμπαιχθήσεται ... καὶ ἐμπτυσθήσεται,

4. Mt 20,19   καὶ   τῇ τρίτῃ ἡμέρᾳ ἐγερθήσεται.
   Mc 10,34   καὶ μετὰ τρεῖς ἡμέρας ἀναστήσεται.
   Lc 18,33   καὶ τῇ ἡμέρᾳ τῇ τρίτῃ ἀναστήσεται.

§ 65. Mc 10,35-40; Mt 20,20-23

1. Mt 20,22   πιεῖν τὸ ποτήριον ὃ ἐγὼ μέλλω πίνειν ;
      20,23   τὸ μὲν ποτήριόν μου πίεσθε,
   Mc 10,38   ªπιεῖν τὸ ποτήριον ὃ ἐγὼ πίνω, ἢ ᵇτὸ βάπτισμα ὃ ἐγὼ βαπτίζομαι βαπτισθῆναι ;
      10,39   ªτὸ ποτήριον ὃ ἐγὼ πίνω πίεσθε, καὶ ᵇτὸ βάπτισμα ἐγὼ ὃ βαπτίζομαι βαπτισθή-
              σεσθε·
   Lc   om.
   Lc (12,50)   βάπτισμα δὲ ἔχω   βαπτισθῆναι,

§ 66. Mc 10,41-45; Mt 20,24-28; (Lc 22,24-27)

1. Mt 20,24   καὶ ἀκούσαντες οἱ δέκα   ἠγανάκτησαν
   Mc 10,41   καὶ ἀκούσαντες οἱ δέκα ἤρξαντο ἀγανακτεῖν
   Lc 22,24   ἐγένετο δὲ καὶ φιλονεικία ἐν αὐτοῖς,

2. Mt 20,25   ὁ ¹δὲ Ἰησοῦς προσκαλεσάμενος αὐτοὺς   ²εἶπεν·
   Mc 10,42   καὶ   προσκαλεσάμενος αὐτοὺς ὁ Ἰησοῦς λέγει αὐτοῖς·
   Lc 22,25   ὁ δὲ   εἶπεν αὐτοῖς·

3. Mt 20,25   οἴδατε ὅτι οἱ   ἄρχοντες τῶν ἐθνῶν
   Mc 10,42   οἴδατε ὅτι οἱ δοκοῦντες ἄρχειν   τῶν ἐθνῶν
   Lc 22,25   οἱ   βασιλεῖς τῶν ἐθνῶν

§ 67. Mc 10,46-52; Mt 20,29-34; Lc 18,35-43

1. Mt 20,29   καὶ ἐκπορευομένων αὐτῶν ἀπὸ Ἰεριχώ
   Mc 10,46   ¹ªκαὶ ²ἔρχονται⌐ εἰς Ἰεριχώ. ᵇκαὶ ἐκπορευομένου αὐτοῦ ἀπὸ Ἰεριχὼ ³καὶ τῶν
              μαθητῶν αὐτοῦ
   Lc 18,35   ἐγένετο δὲ ἐν τῷ ἐγγίζειν αὐτὸν εἰς Ἰεριχώ
   Lc (19,1)   καὶ εἰσελθὼν διήρχετο τὴν Ἰεριχώ.

2. Mt 20,30   καὶ ἰδοὺ   δύο τυφλοὶ   καθήμενοι
   Mc 10,46   <u>¹ὁ υἱὸς Τιμαίου Βαρτιμαῖος, τυφλὸς ²προσαίτης,</u> ἐκάθητο
   Lc 18,35   τυφλός τις   ἐκάθητο ... ἐπαιτῶν.

3. Mt (9,27)   παράγοντι ἐκεῖθεν τῷ Ἰησοῦ
   Mt 20,30   ἀκούσαντες   ὅτι Ἰησοῦς   ¹παράγει,
   Mc 10,47   ²<u>καὶ ἀκούσας</u>   ὅτι Ἰησοῦς ὁ Ναζαρηνός ἐστιν,
   Lc 18,36-37   <u>ἀκούσας δὲ</u> ... (37) ... ὅτι Ἰησοῦς ὁ Ναζωραῖος παρέρχεται.

4. Mt (9,27)   κράζοντες καὶ λέγοντες· ...,   υἱὸς Δαυίδ.
   Mt 20,30   ¹ἔκραξαν   ²λέγοντες· ..., [κύριε,] υἱὸς Δαυίδ.
   Mc 10,47   <u>³ἤρξατο κράζειν   καὶ λέγειν·</u> υἱὲ Δαυὶδ ⁴// Ἰησοῦ,
   Lc 18,38   ἐβόησεν   <u>λέγων·</u> Ἰησοῦ υἱὲ Δαυίδ,

5. Mt 20,31   ¹ὁ δὲ ὄχλος   ²// ἐπετίμησεν αὐτοῖς ἵνα σιωπήσωσιν·
   Mc 10,48   <u>καὶ ἐπετίμων αὐτῷ</u> ³<u>πολλοὶ</u>   ἵνα σιωπήσῃ·
   Lc 18,39   καὶ <u>οἱ προάγοντες</u> // ἐπετίμων   αὐτῷ ἵνα σιγήσῃ·

6. Mt 20,32   ἐφώνησεν αὐτούς
   Mc 10,49   εἶπεν· φωνήσατε αὐτόν.
   Lc 18,40   ἐκέλευσεν   αὐτὸν ἀχθῆναι πρὸς αὐτόν.

7. Mt (9,28)   προσῆλθον αὐτῷ οἱ τυφλοί,
   Mt 20,32   om.
   Mc 10,49-50 <u>καὶ φωνοῦσιν τὸν τυφλὸν λέγοντες αὐτῷ· θάρσει, ἔγειρε, φωνεῖ σε. (50) ὁ δὲ</u>
               <u>ἀποβαλὼν τὸ ἱμάτιον αὐτοῦ ἀναπηδήσας ἦλθεν πρὸς τὸν Ἰησοῦν.</u>
   Lc 18,40   ἐγγίσαντος δὲ αὐτοῦ

8. Mt (9,28)   καὶ   λέγει αὐτοῖς ὁ Ἰησοῦς·
   Mt 20,32   καὶ   εἶπεν·
   Mc 10,51   καὶ <u>ἀποκριθεὶς αὐτῷ</u> ὁ Ἰησοῦς <u>εἶπεν·</u>
   Lc 18,40   ἐπηρώτησεν αὐτόν·

9. Mt (9,28)   λέγουσιν αὐτῷ· ναί, ¹κύριε.
   Mt 20,33   λέγουσιν αὐτῷ·   <u>κύριε,</u>   ἵνα ἀνοιγῶσιν οἱ ὀφθαλμοὶ ἡμῶν.
   Mc 10,51   ὁ δὲ ²<u>τυφλὸς</u> εἶπεν αὐτῷ· ῥαββουνί, ἵνα ἀναβλέψω.
   Lc 18,41   ὁ δὲ   εἶπεν·   <u>κύριε,</u>   ἵνα ἀναβλέψω.

10. Mt (9,29)   τότε   ἥψατο τῶν ὀφθαλμῶν αὐτῶν λέγων· κατὰ τὴν πίστιν ὑμῶν
    Mt 20,34   ὁ Ἰησοῦς ἥψατο τῶν ὀμμάτων   αὐτῶν,
    Mc 10,52   καὶ ὁ Ἰησοῦς   εἶπεν αὐτῷ· ὕπαγε,   ἡ πίστις σου
    Lc 18,42   καὶ ὁ Ἰησοῦς   εἶπεν αὐτῷ· ἀνάβλεψον· ἡ πίστις σου

11. Mt 20,34   καὶ εὐθέως   ἀνέβλεψαν καὶ ἠκολούθησαν αὐτῷ.
    Mc 10,52   καὶ ¹εὐθὺς   ἀνέβλεψεν, καὶ ἠκολούθει   αὐτῷ ²ἐν τῇ ὁδῷ.
    Lc 18,43   καὶ παραχρῆμα ἀνέβλεψεν, καὶ ἠκολούθει   αὐτῷ δοξάζων τὸν θεόν.

§ 68. Mc 11,1-10; Mt 21,1-9; Lc 19,29-38

1. Mt 21,1   καὶ   ὅτε <u>ἤγγισαν</u>   εἰς Ἱεροσόλυμα
   Mc 11,1   καὶ   ὅτε <u>ἐγγίζουσιν</u> εἰς Ἱεροσόλυμα
   Lc 19,29   καὶ ἐγένετο ὡς <u>ἤγγισεν</u>   εἰς Βηθφαγή

2. Mt 21,1   εἰς Ἱεροσόλυμα καὶ ἦλθον εἰς [1]Βηθφαγὴ   εἰς τὸ ὄρος
   Mc 11,1   [2]εἰς Ἱεροσόλυμα   εἰς <u>Βηθφαγὴ καὶ Βηθανίαν</u> πρὸς τὸ ὄρος
   Lc 19,29   εἰς <u>Βηθφαγὴ καὶ Βηθανία</u>[ν] πρὸς τὸ ὄρος
   Lc (19,28) εἰς Ἱεροσόλυμα.

3. Mt 21,1   τότε Ἰησοῦς [1]<u>ἀπέστειλεν</u> δύο   μαθητάς
   Mc 11,1   <u>ἀποστέλλει</u> δύο τῶν μαθητῶν [2]<u>αὐτοῦ</u>
   Lc 19,29   <u>ἀπέστειλεν</u> δύο τῶν μαθητῶν

4. Mt 21,2   [1]<u>λέγων</u> αὐτοῖς· πορεύεσθε..., καὶ   εὐθέως
   Mc 11,2   καὶ <u>λέγει</u> αὐτοῖς· ὑπάγετε...,   καὶ [2a]<u>εὐθὺς</u>   [b]<u>εἰσπορευόμενοι</u> [3]εἰς αὐτήν
   Lc 19,30   <u>λέγων</u>·   ὑπάγετε...,   ἐν ᾗ <u>εἰσπορευόμενοι</u>

5. Mt 21,2   εὑρήσετε ὄνον   δεδεμένην...·   [1]<u>λύσαντες</u>   [2]<u>ἀγάγετέ</u> μοι.
   Mc 11,2   εὑρήσετε πῶλον δεδεμένον...·   <u>λύσατε</u> αὐτὸν καὶ <u>φέρετε</u>.
   Lc 19,30   εὑρήσετε πῶλον δεδεμένον..., καὶ <u>λύσαντες</u> αὐτὸν   <u>ἀγάγετε</u>.

6. Mt 21,3   [1]<u>ἐρεῖτε</u> [2]<u>ὅτι</u> ὁ κύριος αὐτῶν χρείαν ἔχει·
   Mc 11,3   <u>εἴπατε</u>·   ὁ κύριος αὐτοῦ χρείαν ἔχει,
   Lc 19,31   οὕτως <u>ἐρεῖτε</u>·   ὅτι ὁ κύριος αὐτοῦ χρείαν ἔχει.

7. Mt 21,3   εὐθὺς δὲ   ἀποστελεῖ αὐτούς.
   Mc 11,3   καὶ εὐθὺς αὐτὸν ἀποστέλλει   <u>πάλιν ὧδε.</u>
   Lc 19,31   om.

8. Mt 21,6   [1]<u>πορευθέντες</u> [2]<u>δὲ</u> [3]<u>οἱ</u> μαθηταὶ   καὶ ποιήσαντες [4]<u>καθὼς</u> συνέταξεν [5]<u>αὐτοῖς</u>
   Mc 11,4   καὶ ἀπῆλθον   καὶ εὗρον
   Lc 19,32   <u>ἀπελθόντες</u> δὲ οἱ ἀπεσταλμένοι   εὗρον   <u>καθὼς εἶπεν</u>   <u>αὐτοῖς.</u>

9. Mt 21,6   om.
   Mc 11,4   καὶ εὗρον πῶλον δεδεμένον πρὸς θύραν ἔξω ἐπὶ τοῦ ἀμφόδου,
   Lc 19,32   εὗρον καθὼς εἶπεν αὐτοῖς.

10. Mt 21,6   om.
    Mc 11,6   <u>καὶ ἀφῆκαν αὐτούς.</u>
    Lc 19,34   om.

11. Mt 21,7   <u>ἤγαγον</u> τὴν ὄνον καὶ τὸν πῶλον,
    Mc 11,7   καὶ <u>φέρουσιν</u>   τὸν πῶλον πρὸς τὸν Ἰησοῦν,
    Lc 19,35   καὶ <u>ἤγαγον</u>   αὐτὸν   πρὸς τὸν Ἰησοῦν,

12. Mt 21,7 καὶ ἐπέθηκαν ¹ἐπ' αὐτῶν τὰ ἱμάτια,   καὶ ἐπεκάθισεν ἐπάνω αὐτῶν.
  Mc 11,7 καὶ ²ἐπιβάλλουσιν αὐτῷ τὰ ἱμάτια αὐτῶν, καὶ ἐκάθισεν ἐπ' αὐτόν.
  Lc 19,35 καὶ ἐπιρίψαντες αὐτῶν τὰ ἱμάτια ἐπὶ τὸν πῶλον ἐπεβίβασαν τὸν Ἰησοῦν.

13. Mt 21,8 ὁ ¹δὲ πλεῖστος ὄχλος ἔστρωσαν ²|| ⁽³⁾ἑαυτῶν τὰ ἱμάτια ⁴ἐν τῇ ὁδῷ,
  Mc 11,8 καὶ πολλοὶ   τὰ ἱμάτια αὐτῶν ἔστρωσαν εἰς τὴν ὁδόν,
  Lc 19,36 πορευομένου δὲ αὐτοῦ ὑπεστρώννυον || τὰ ἱμάτια αὐτῶν ἐν τῇ ὁδῷ.

14. Mt 21,8 ἔστρωσαν ἑαυτῶν τὰ ἱμάτια..., ἄλλοι δὲ ἔκοπτον... καὶ ἐστρώννυον ἐν τῇ ὁδῷ.
  Mc 11,8 τὰ ἱμάτια αὐτῶν ἔστρωσαν..., ἄλλοι δὲ στιβάδας, κόψαντες ἐκ τῶν ἀγρῶν.
  Lc 19,36 ὑπεστρώννυον τὰ ἱμάτια αὐτῶν ἐν τῇ ὁδῷ.

15. Mt 21,9   οἱ ¹δὲ ²ὄχλοι οἱ προάγοντες αὐτὸν καὶ οἱ ἀκολουθοῦντες
  Mc 11,9   καὶ οἱ προάγοντες καὶ οἱ ἀκολουθοῦντες
  Lc 19,37 ἐγγίζοντος δὲ αὐτοῦ ἤδη ... ἄπαν τὸ πλῆθος τῶν μαθητῶν

16. Mt 21,9 ἔκραζον   λέγοντες· ὡσαννά
  Mc 11,9 ἔκραζον·   ὡσαννά·
  Lc 19,37-38 ἤρξαντο ... αἰνεῖν τὸν θεὸν φωνῇ μεγάλῃ ..., (38) λέγοντες·

17. Mt (21,15)   ἰδόντες δὲ ... τὰ θαυμάσια
  Mc 11,9 om.
  Lc 19,37 περὶ πασῶν ὧν εἶδον   δυνάμεων,

18. Mt 21,9 om.   (cf. v. 9b : τῷ υἱῷ Δαυίδ)
  Mc 11,10 εὐλογημένη ἡ ἐρχομένη βασιλεία τοῦ πατρὸς ἡμῶν Δαυίδ·
  Lc 19,38 om.   (cf. v. 38a : ὁ βασιλεύς)

19. Mt (21,16) καὶ   εἶπαν αὐτῷ·
  Mc 11,10 om.
  Lc 19,39 καί τινες τῶν Φαρισαίων ἀπὸ τοῦ ὄχλου εἶπαν πρὸς αὐτόν·

§ 69. Mc 11,11; Mt 21,10-17

1. Mt   om.
  Mc 11,11 καὶ περιβλεψάμενος πάντα, ὀψίας ἤδη οὔσης τῆς ὥρας,
  Lc (21,37)   τὰς δὲ νύκτας (cf. Mc 11,19)

2. Mt 21,17 ἐξῆλθεν ἔξω τῆς πόλεως εἰς Βηθανίαν, καὶ ¹ηὐλίσθη ἐκεῖ.
  Mc 11,11 ἐξῆλθεν   εἰς Βηθανίαν   ²μετὰ τῶν δώδεκα.
  Mc (11,19) ἐξεπορεύετο ἔξω τῆς πόλεως.
  Lc (21,37) ἐξερχόμενος   ηὐλίζετο εἰς τὸ ὄρος

§ 70. Mc 11,12-14; Mt 21,18-19

1. Mt 21,18-19 *Post purgationem templi* (12-13).
  Mc 11,12-14 *Ficulnea maledicta.*
  Lc 19,44 om.

§ 71. Mc 11,15-19; (Mt 21,12-16); Lc 19,45-48

1. Mt 21,12   καὶ εἰσῆλθεν Ἰησοῦς εἰς τὸ ἱερόν
   Mc 11,15   καὶ ἔρχονται εἰς Ἱεροσόλυμα. καὶ εἰσελθὼν   εἰς τὸ ἱερόν
   Lc 19,45   καὶ εἰσελθὼν   εἰς τὸ ἱερόν

2. Mt   om.
   Mc 11,16   καὶ οὐκ ἤφιεν ἵνα τις διενέγκῃ σκεῦος διὰ τοῦ ἱεροῦ,
   Lc   om.

3. Mt 21,13   καὶ λέγει αὐτοῖς·
   Mc 11,17   καὶ ἐδίδασκεν καὶ ἔλεγεν αὐτοῖς·
   Lc 19,46   λέγων αὐτοῖς·

4. Mt 21,13   γέγραπται·   ... οἶκος προσευχῆς κληθήσεται,
   Mc 11,17   [1]οὗ γέγραπται [2]ὅτι   ... οἶκος προσευχῆς κληθήσεται [3]πᾶσιν τοῖς ἔθνεσιν;
   Lc 19,46   γέγραπται· καὶ ἔσται ... οἶκος προσευχῆς·

5. Mt 21,13   ὑμεῖς δὲ αὐτὸν [1]/ ποιεῖτε   σπήλαιον λῃστῶν.
   Mc 11,17   ὑμεῖς δὲ [2]πεποιήκατε αὐτὸν   σπήλαιον λῃστῶν.
   Lc 19,46   ὑμεῖς δὲ αὐτὸν / ἐποιήσατε σπήλαιον λῃστῶν.

6. Mt (21,15)   ἰδόντες [1]δὲ οἱ   ἀρχιερεῖς καὶ οἱ γραμματεῖς τὰ θαυμάσια
   Mc 11,18   καὶ [2]ἤκουσαν οἱ ἀρχιερεῖς καὶ οἱ γραμματεῖς,
   Lc 19,47   οἱ δὲ   ἀρχιερεῖς καὶ οἱ γραμματεῖς ... καὶ οἱ πρῶτοι τοῦ λαοῦ,

§ 72. Mc 11,20-25; Mt 21,20-22; (Lc 17,6)

1. Mt (17,20)   [1]ἐὰν ἔχητε πίστιν [2]ὡς κόκκον σινάπεως,   ἐρεῖτε τῷ ὄρει τούτῳ·
   Mt 21,21   ἐὰν ἔχητε πίστιν ...   κἂν   τῷ ὄρει τούτῳ εἴπητε·
   Mc 11,22-23   ἔχετε πίστιν θεοῦ. (23) ... ὅτι ὃς ἂν εἴπῃ   τῷ ὄρει τούτῳ·
   Lc (17,6)   εἰ ἔχετε πίστιν ὡς κόκκον σινάπεως, ἐλέγετε ἂν τῇ συκαμίνῳ [ταύτῃ]·

§ 73. Mc 11,27-33; Mt 21,23-27; Lc 20,1-8

1. Mt 21,23   καὶ ἐλθόντος αὐτοῦ εἰς   τὸ ἱερόν
   Mc 11,27   καὶ ἔρχονται πάλιν εἰς Ἱεροσόλυμα. καὶ ἐν τῷ ἱερῷ
   Lc   om.

2. Mt 21,23   ἐλθόντος αὐτοῦ εἰς τὸ ἱερόν   προσῆλθον αὐτῷ [1]διδάσκοντι
   Mc 11,27   ἐν τῷ ἱερῷ [2]περιπατοῦντος αὐτοῦ   [3]ἔρχονται πρὸς αὐτόν
   Lc 20,1   διδάσκοντος αὐτοῦ τὸν λαὸν ἐν τῷ ἱερῷ ... ἐπέστησαν

3. Mt 21,23   καὶ οἱ πρεσβύτεροι [1]τοῦ λαοῦ   [2]λέγοντες·
   Mc 11,27-28   καὶ οἱ πρεσβύτεροι,   (28) καὶ [3]ἔλεγον αὐτῷ·
   Lc 20,1-2   διδάσκοντος αὐτοῦ τὸν λαὸν ... σὺν τοῖς πρεσβυτέροις, ...
                                  (2) καὶ εἶπαν λέγοντες πρὸς αὐτόν·

4. Mt 21,23   ἐν ποίᾳ ἐξουσίᾳ ταῦτα ποιεῖς ;   (cf. v. 23a : διδάσκοντι)
   Mc 11,28   ἐν ποίᾳ ἐξουσίᾳ ταῦτα ποιεῖς ;
   Lc 20,2   ἐν ποίᾳ ἐξουσίᾳ ταῦτα ποιεῖς,   (cf. v. 1 : διδάσκοντος)

5. Mt 21,23   καὶ τίς σοι ἔδωκεν   [1]// τὴν ἐξουσίαν ταύτην ;
   Mc 11,28   ἢ   τίς σοι (τὴν ἐξουσίαν ταύτην ἔδωκεν)   [2]ἵνα ταῦτα ποιῇς ;
   Lc 20,2   ἢ   τίς ἐστιν ὁ δούς σοι // τὴν ἐξουσίαν ταύτην ;

6. Mt 21,24   ἀποκριθεὶς δὲ ὁ Ἰησοῦς εἶπεν   αὐτοῖς·
   Mc 11,29   ὁ δὲ   Ἰησοῦς εἶπεν   αὐτοῖς·
   Lc 20,3   ἀποκριθεὶς δὲ   εἶπεν πρὸς αὐτούς·

7. Mt 21,24   [1]ἐρωτήσω ὑμᾶς [2]κἀγὼ   λόγον ἕνα, ὃν ἐὰν   [3]εἴπητέ μοι, κἀγὼ ὑμῖν ἐρῶ
   Mc 11,29   ἐπερωτήσω ὑμᾶς   ἕνα λόγον,   καὶ   ἀποκρίθητέ μοι, καὶ   ἐρῶ ὑμῖν
   Lc 20,3   ἐρωτήσω ὑμᾶς κἀγὼ   λόγον,   καὶ   εἴπατέ μοι·

8. Mt 21,25   πόθεν ἦν ; ἐξ οὐρανοῦ   ἢ ἐξ ἀνθρώπων ;
   Mc 11,30   ἐξ οὐρανοῦ ἦν ἢ ἐξ ἀνθρώπων ; ἀποκρίθητέ μοι.
   Lc 20,4   ἐξ οὐρανοῦ ἦν ἢ ἐξ ἀνθρώπων ;

9. Mt 21,25   [1]οἱ δὲ διελογίζοντο   ἐν ἑαυτοῖς λέγοντες·   ἐὰν εἴπωμεν·
   Mc 11,31   καὶ   [2]διελογίζοντο πρὸς ἑαυτοὺς λέγοντες·   ἐὰν εἴπωμεν·
   Lc 20,5   οἱ δὲ συνελογίσαντο πρὸς ἑαυτοὺς λέγοντες ὅτι ἐὰν εἴπωμεν·

10. Mt 21,26   [1]ἐὰν δὲ εἴπωμεν· ἐξ ἀνθρώπων,   [2]φοβούμεθα τὸν ὄχλον·
   Mc 11,32   ἀλλὰ   εἴπωμεν· ἐξ ἀνθρώπων ; — ἐφοβοῦντο   τὸν ὄχλον·
   Lc 20,6   ἐὰν δὲ εἴπωμεν· ἐξ ἀνθρώπων, ὁ λαὸς ἅπας καταλιθάσει ἡμᾶς·

11. Mt 21,26   πάντες γὰρ   ὡς [1]προφήτην [2]ἔχουσιν τὸν Ἰωάννην.
   Mc 11,32   ἅπαντες γὰρ εἶχον τὸν Ἰωάννην [3]ὄντως ὅτι προφήτης ἦν.
   Lc 20,6   πεπεισμένος γάρ ἐστιν Ἰωάννην   προφήτην εἶναι.

12. Mt 21,27   καὶ ἀποκριθέντες   τῷ Ἰησοῦ εἶπαν·   ...   ἔφη αὐτοῖς καὶ αὐτός·
   Mc 11,33   καὶ ἀποκριθέντες   τῷ Ἰησοῦ λέγουσιν· ... καὶ ὁ Ἰησοῦς λέγει αὐτοῖς·
   Lc 20,7-8   καὶ ἀπεκρίθησαν...   (8) καὶ ὁ Ἰησοῦς εἶπεν αὐτοῖς·

§ 74. Mc 12,1-12; Mt 21,33-46; Lc 20,9-19

1. Mt 21,33   ἄλλην [1]παραβολὴν ἀκούσατε.
   Mc 12,1   [2]καὶ ἤρξατο αὐτοῖς   ἐν παραβολαῖς λαλεῖν.
   Lc 20,9   ἤρξατο δὲ πρὸς τὸν λαὸν λέγειν τὴν παραβολὴν ταύτην.

2. Mt 21,33   ἄνθρωπος ἦν οἰκοδεσπότης ὅστις ἐφύτευσεν // ἀμπελῶνα,
   Mc 12,1   ἀμπελῶνα ἄνθρωπος   ἐφύτευσεν,
   Lc 20,9   ἄνθρωπός [τις]   ἐφύτευσεν // ἀμπελῶνα,

3. Mt 21,34   ὅτε δὲ ἤγγισεν ὁ καιρὸς τῶν καρπῶν, // ἀπέστειλεν τοὺς δούλους αὐτοῦ πρός
   Mc 12,2   καὶ   ἀπέστειλεν πρὸς τοὺς γεωργοὺς τῷ καιρῷ   δοῦλον,
   Lc 20,10   καὶ καιρῷ // ἀπέστειλεν πρὸς τοὺς γεωργοὺς   δοῦλον,

4. Mt 21,34   λαβεῖν τοὺς καρποὺς αὐτοῦ.
   Mc 12,2   ἵνα παρὰ τῶν γεωργῶν λάβῃ ἀπὸ τῶν καρπῶν τοῦ ἀμπελῶνος·
   Lc 20,10   ἵνα   ἀπὸ τοῦ καρποῦ τοῦ ἀμπελῶνος δώσουσιν αὐτῷ·

5. Mt 21,35   καὶ λαβόντες οἱ γεωργοὶ   τοὺς δούλους αὐτοῦ ὃν μὲν ἔδειραν,
   Mc 12,3   καὶ λαβόντες   αὐτὸν ἔδειραν καὶ ἀπέστειλαν κενόν.
   Lc 20,10   οἱ δὲ γεωργοὶ ἐξαπέστειλαν αὐτὸν δείραντες   κενόν.

6. Mt 21,36   πάλιν ἀπέστειλεν   ἄλλους   δούλους
   Mc 12,4   καὶ πάλιν ἀπέστειλεν πρὸς αὐτοὺς ἄλλον   δοῦλον·
   Lc 20,11   καὶ προσέθετο   ἕτερον πέμψαι δοῦλον·

7. Mt 21,36   καὶ ἐποίησαν αὐτοῖς ὡσαύτως.
   Mc 12,4-5   κἀκεῖνον ¹ἐκεφαλίωσαν καὶ ἠτίμασαν. (5) καὶ ἄλλον ἀπέστειλεν·
                ²κἀκεῖνον ἀπέκτειναν,
   Lc 20,11   οἱ δὲ κἀκεῖνον δείραντες καὶ ἀτιμάσαντες ἐξαπέστειλαν κενόν.

8. Mt 21,37   ὕστερον ¹δὲ   ἀπέστειλεν ... ²τὸν υἱὸν αὐτοῦ λέγων·
   Mc 12,6   ³ἔτι ἕνα εἶχεν, υἱὸν ἀγαπητόν· ἀπέστειλεν αὐτὸν ἔσχατον ... λέγων ⁴ὅτι
   Lc 20,13   εἶπεν δὲ ὁ κύριος ...·   πέμψω   τὸν υἱόν μου τὸν ἀγαπητόν·

9. Mt 21,38   οἱ δὲ γεωργοὶ ¹ἰδόντες τὸν υἱόν
   Mc 12,7   ²ἐκεῖνοι δὲ οἱ γεωργοί
   Lc 20,14   ἰδόντες δὲ αὐτὸν οἱ γεωργοί

10. Mt 21,38   εἶπον   ¹/ ἐν ἑαυτοῖς·   οὗτός ἐστιν ὁ κληρονόμος·
    Mc 12,7   πρὸς ἑαυτοὺς εἶπαν   ²ὅτι οὗτός ἐστιν ὁ κληρονόμος·
    Lc 20,14   διελογίζοντο | πρὸς ἀλλήλους λέγοντες· οὗτός ἐστιν ὁ κληρονόμος·

11. Mt 21,38   καὶ σχῶμεν   τὴν κληρονομίαν αὐτοῦ·
    Mc 12,7   καὶ ἡμῶν ἔσται ἡ κληρονομία.
    Lc 20,14   ἵνα ἡμῶν γένηται ἡ κληρονομία.

12. Mt 21,39   καὶ λαβόντες αὐτὸν ἐξέβαλον   ἔξω τοῦ ἀμπελῶνος ¹// καὶ ἀπέκτειναν.
    Mc 12,8   καὶ λαβόντες ἀπέκτειναν ²αὐτόν,   καὶ ἐξέβαλον αὐτὸν ἔξω τοῦ ἀμπελῶνος.
    Lc 20,15   καὶ   ἐκβαλόντες αὐτὸν ἔξω τοῦ ἀμπελῶνος || ἀπέκτειναν.

13. Mt 21,40   ὅταν ⁽¹⁾οὖν ἔλθῃ ὁ κύριος..., τί   ποιήσει τοῖς γεωργοῖς ²ἐκείνοις ;
    Mc 12,9   τί [οὖν] ποιήσει   ὁ κύριος
    Lc 20,15   τί οὖν ποιήσει   αὐτοῖς ὁ κύριος

14. Mt (21,41) ¹λέγουσιν αὐτῷ·
    Mt 21,42   ²λέγει αὐτοῖς ὁ Ἰησοῦς·
    Mc 12,10   om.
    Lc 20,16-17 ἀκούσαντες δὲ εἶπαν· μὴ γένοιτο. (17) ὁ δὲ ἐμβλέψας αὐτοῖς εἶπεν·

15. Mt 21,42   οὐδέποτε   ἀνέγνωτε ἐν ταῖς γραφαῖς·
    Mc 12,10   οὐδὲ   τὴν γραφὴν ταύτην ἀνέγνωτε·
    Lc 20,17   τί οὖν ἐστιν τὸ γεγραμμένον τοῦτο·

16. Mt 21,[44]   [καὶ ὁ πεσὼν ἐπὶ τὸν λίθον τοῦτον συνθλασθήσεται· ἐφ' ὃν δ' ἂν πέσῃ, λικμή-
                   σει αὐτόν.]
     Mc 12,11   om.
     Lc 20,18   πᾶς ὁ πεσὼν ἐπ' ἐκεῖνον τὸν λίθον συνθλασθήσεται· ἐφ' ὃν δ' ἂν πέσῃ, λικμή-
                   σει αὐτόν.

17. Mt 21,45   καὶ ἀκούσαντες οἱ ἀρχιερεῖς
     Mc 12,12   om.
     Lc (20,16)   ἀκούσαντες δὲ εἶπαν·

18. Mt 21,45-46 καὶ ἀκούσαντες ¹οἱ ἀρχιερεῖς καὶ οἱ Φαρισαῖοι ...
                  (46) καὶ ζητοῦντες   αὐτὸν κρατῆσαι
     Mc 12,12   καὶ ²ἐζήτουν   αὐτὸν κρατῆσαι,
     Lc 20,19   καὶ ἐζήτησαν   οἱ γραμματεῖς καὶ οἱ ἀρχιερεῖς ἐπιβαλεῖν ἐπ' αὐτὸν τὰς χεῖρας

19. Mt 21,46   om. (cf. 22,22).
     Mc 12,12   καὶ ἀφέντες αὐτὸν ἀπῆλθον.
     Lc 20,19   om.

§ 75. Mc 12,13-17 ; Mt 22,15-22 ; Lc 20,20-26

1.   Mt 22,16   ¹λέγοντες·
     Mc 12,14   καὶ ²ἐλθόντες   λέγουσιν ³αὐτῷ·
     Lc 20,21   καὶ   ἐπηρώτησαν αὐτὸν λέγοντες·

2.   Mt 22,16   ¹καὶ ... διδάσκεις, ²// καὶ οὐ μέλει σοι
     Mc 12,14   καὶ οὐ μέλει σοι ..., ἀλλ' ἐπ' ἀληθείας ... διδάσκεις·
     Lc 20,21   καὶ   διδάσκεις // καὶ οὐ λαμβάνεις ... ἀλλ' ἐπ' ἀληθείας ... διδάσκεις·

3.   Mt 22,17   εἰπὲ οὖν ¹ἡμῖν, ... ἔξεστιν δοῦναι κῆνσον Καίσαρι ἢ οὔ ;
     Mc 12,14   ἔξεστιν δοῦναι κῆνσον Καίσαρι ἢ οὔ ; ²δῶμεν ἢ μὴ δῶμεν ;
     Lc 20,22   ἔξεστιν ἡμᾶς Καίσαρι φόρον δοῦναι ἢ οὔ ;

4.   Mt 22,18   ¹γνοὺς δὲ ὁ Ἰησοῦς   τὴν ²πονηρίαν αὐτῶν εἶπεν·   ..., ³ὑποκριταί ;
     Mc 12,15   ὁ δὲ εἰδὼς   αὐτῶν τὴν ὑπόκρισιν   εἶπεν   αὐτοῖς·
     Lc 20,23   κατανοήσας δὲ   αὐτῶν τὴν πανουργίαν   εἶπεν πρὸς αὐτούς·
     Lc (20,20)   ὑποκρινομένους ἑαυτοὺς δικαίους εἶναι,

5.   Mt 22,19   ¹ἐπιδείξατέ μοι τὸ νόμισμα τοῦ κήνσου.
     Mc 12,15   φέρετέ μοι   δηνάριον   ²ἵνα ἴδω.
     Lc 20,24   δείξατέ μοι   δηνάριον·

6.   Mt 22,21   λέγουσιν αὐτῷ· Καίσαρος.   τότε   λέγει ⁽¹⁾αὐτοῖς·
     Mc 12,16-17 οἱ δὲ εἶπαν ⁽²⁾αὐτῷ· Καίσαρος. (17) ὁ δὲ ³Ἰησοῦς εἶπεν   αὐτοῖς·
     Lc 20,24-25 οἱ δὲ εἶπαν·   Καίσαρος. (25) ὁ δὲ   εἶπεν πρὸς αὐτούς·

7. Mt 22,21 ἀπόδοτε ¹οὖν ²// τὰ Καίσαρος Καίσαρι καὶ τὰ τοῦ θεοῦ τῷ θεῷ.
   Mc 12,17 τὰ Καίσαρος ἀπόδοτε   Καίσαρι καὶ τὰ τοῦ θεοῦ τῷ θεῷ.
   Lc 20,25 τοίνυν ἀπόδοτε // τὰ Καίσαρος Καίσαρι καὶ τὰ τοῦ θεοῦ τῷ θεῷ.

8. Mt 22,22 καὶ ἀκούσαντες ¹ἐθαύμασαν,   καὶ ²ἀφέντες αὐτὸν ἀπῆλθαν.
   Mc 12,17 καὶ   ³ἐξεθαύμαζον ἐπ᾽   αὐτῷ. (cf. 12,12)
   Lc 20,26 καὶ   θαυμάσαντες ἐπὶ τῇ ἀποκρίσει αὐτοῦ ἐσίγησαν.

§ 76. Mc 12,18-27; Mt 22,23-33; Lc 20,27-38

1. Mt 22,23 ἐν ἐκείνῃ τῇ ἡμέρᾳ ¹προσῆλθον αὐτῷ Σαδδουκαῖοι,   ²λέγοντες
   Mc 12,18 ³καὶ   ἔρχονται Σαδδουκαῖοι πρὸς αὐτόν,   ⁴οἵτινες λέγουσιν
   Lc 20,27 προσελθόντες δέ τινες τῶν Σαδδουκαίων, οἱ [ἀντι]λέγοντες

2. Mt 22,23-24 καὶ ¹ἐπηρώτησαν αὐτὸν (24) λέγοντες· διδάσκαλε, Μωϋσῆς εἶπεν·
   Mc 12,18-19 καὶ ἐπηρώτων αὐτὸν λέγοντες· (19) διδάσκαλε, Μωϋσῆς ἔγραψεν ἡμῖν ²ὅτι
   Lc 20,27-28 ἐπηρώτησαν αὐτὸν (28) λέγοντες· διδάσκαλε, Μωϋσῆς ἔγραψεν ἡμῖν,

3. Mt 22,24 ἐάν τις   ἀποθάνῃ   μὴ ¹ἔχων τέκνα,
   Mc 12,19 ἐάν τινος ἀδελφὸς ἀποθάνῃ καὶ ²καταλίπῃ γυναῖκα καὶ μὴ ἀφῇ τέκνον,
   Lc 20,28 ἐάν τινος ἀδελφὸς ἀποθάνῃ   ἔχων   γυναῖκα, καὶ οὗτος ἄτεκνος ᾖ,

4. Mt 22,25 ἦσαν ¹δὲ παρ᾽ ἡμῖν ἑπτὰ ἀδελφοί· καὶ ὁ πρῶτος ²γήμας   ³ἐτελεύτησεν,
   Mc 12,20 ἑπτὰ   ἀδελφοὶ ἦσαν· καὶ ὁ πρῶτος ἔλαβεν γυναῖκα, καὶ ἀποθνήσκων
   Lc 20,29 ἑπτὰ οὖν ἀδελφοὶ ἦσαν· καὶ ὁ πρῶτος λαβὼν γυναῖκα   ἀπέθανεν

5. Mt 22,26 ὁμοίως καὶ ὁ δεύτερος
   Mc 12,21   καὶ ὁ δεύτερος ¹ἔλαβεν αὐτήν, ²καὶ ἀπέθανεν μὴ καταλιπὼν σπέρμα·
   Lc 20,30   καὶ ὁ δεύτερος

6. Mt 22,27 ὕστερον δὲ πάντων   ἀπέθανεν ἡ γυνή.
   Mc 12,22 ἔσχατον   πάντων καὶ ἡ γυνὴ ἀπέθανεν.
   Lc 20,32 ὕστερον   καὶ ἡ γυνὴ ἀπέθανεν.

7. Mt 22,28   ἐν τῇ ἀναστάσει ¹οὖν
   Mc 12,23   ἐν τῇ ἀναστάσει,   ²[ὅταν ἀναστῶσιν],
   Lc 20,33 ἡ γυνὴ οὖν ἐν τῇ ἀναστάσει

8. Mt 22,29 ἀποκριθεὶς ¹δὲ ὁ Ἰησοῦς ²εἶπεν αὐτοῖς·   πλανᾶσθε
   Mc 12,24   ἔφη αὐτοῖς ὁ Ἰησοῦς· ³οὐ διὰ τοῦτο πλανᾶσθε
   Lc 20,34   καὶ   εἶπεν αὐτοῖς ὁ Ἰησοῦς·

9. Mt 22,30 ἐν γὰρ τῇ ἀναστάσει
   Mc 12,25 ὅταν γὰρ ἐκ νεκρῶν ἀναστῶσιν,
   Lc 20,35 καὶ   τῆς ἀναστάσεως τῆς ἐκ νεκρῶν

10. Mt 22,30   ἀλλ᾽   ὡς ἄγγελοι ἐν τῷ   οὐρανῷ // εἰσιν.
    Mc 12,25   ἀλλ᾽ εἰσιν ὡς ἄγγελοι ἐν τοῖς οὐρανοῖς.
    Lc 20,36   ἰσάγγελοι γάρ   // εἰσιν,

11. Mt 22,31   περὶ δὲ τῆς ἀναστάσεως [1]// τῶν νεκρῶν
    Mc 12,26   [2a]περὶ δὲ τῶν νεκρῶν   [b]ὅτι   ἐγείρονται,
    Lc 20,37   ὅτι δὲ ἐγείρονται // οἱ νεκροί,

12. Mt 22,32   ἀλλὰ ζώντων.
    Mc 12,27   ἀλλὰ ζώντων. [(1)](ὑμεῖς οὖν) [2]πολὺ πλανᾶσθε.   N[26] om
    Lc 20,38   ἀλλὰ ζώντων·   πάντες γὰρ αὐτῷ ζῶσιν.

§ 77. Mc 12,28-34; Mt 22,34-40; Lc 20,39-40; (10,25-28)

1. Mt 22,35   καὶ ἐπηρώτησεν εἷς ἐξ αὐτῶν [1][νομικὸς]   [2]πειράζων   αὐτόν·
   Mc 12,28   καὶ [3]προσελθὼν   εἷς τῶν   γραμματέων, ...   ἐπηρώτησεν αὐτόν·
   Lc 10,25   καὶ ἰδοὺ   νομικός τις ἀνέστη ἐκπειράζων   αὐτὸν λέγων·
   Lc 20,39   ἀποκριθέντες δέ τινες τῶν γραμματέων   εἶπαν·

2. Mt (22,34)   οἱ [1]δὲ Φαρισαῖοι ἀκούσαντες ὅτι   [2]ἐφίμωσεν τοὺς Σαδδουκαίους,
   Mc 12,28   ἀκούσας [3]αὐτῶν συζητούντων, ἰδὼν ὅτι καλῶς ἀπεκρίθη αὐτοῖς,
   Lc 20,39-40   ἀποκριθέντες δέ τινες ...· διδάσκαλε,   καλῶς εἶπας.
                  (40) οὐκέτι γὰρ ἐτόλμων ἐπερωτᾶν αὐτὸν οὐδέν.

3. Mt 22,36   [1]διδάσκαλε, ποία   ἐντολὴ μεγάλη [2]ἐν τῷ νόμῳ ;
   Mc 12,28   ποία ἐστὶν ἐντολὴ [3]πρώτη πάντων ;
   Lc 10,25-26   διδάσκαλε, ... (26) ...   ἐν τῷ νόμῳ τί γέγραπται ;
   Lc 20,39   διδάσκαλε,

4. Mt 22,37   ὁ [1]δὲ ἔφη   [2]αὐτῷ·
   Mc 12,29-30   ἀπεκρίθη ὁ [3]Ἰησοῦς [4]ὅτι... [5]ἄκουε, Ἰσραήλ, κύριος ὁ θεὸς ἡμῶν κύριος εἷς ἔστιν, (30) καί
   Lc 10,26   ὁ δὲ εἶπεν πρὸς αὐτόν·

5. Mt 22,37   ἐν ὅλῃ   τῇ   καρδίᾳ σου καὶ ἐν ὅλῃ τῇ ψυχῇ   σου
                        καὶ ἐν ὅλῃ τῇ διανοίᾳ σου.
   Mc 12,30   ἐξ ὅλης   τῆς καρδίας σου καὶ ἐξ ὅλης τῆς ψυχῆς σου καὶ
            ἐξ ὅλης   τῆς διανοίας σου καὶ ἐξ ὅλης τῆς ἰσχύος σου
   Lc 10,27   ἐξ ὅλης [τῆς] καρδίας σου καὶ ἐν ὅλῃ τῇ ψυχῇ   σου καὶ
           ἐν ὅλῃ   τῇ ἰσχύϊ σου καὶ ἐν ὅλῃ τῇ διανοίᾳ σου,

6. Mt 22,40   ἐν ταύταις ταῖς δυσὶν ἐντολαῖς
   Mc 12,31   μείζων τούτων ἄλλη ἐντολὴ οὐκ ἔστιν.
   Lc 10,27   om.

7. Mt   om.

Mc 12,32-34   καὶ εἶπεν αὐτῷ ὁ γραμματεύς· καλῶς, διδάσκαλε, ἐπ᾽ ἀληθείας εἶπες ὅτι εἷς
ἐστιν καὶ οὐκ ἔστιν ἄλλος πλὴν αὐτοῦ· (33) καὶ τὸ ἀγαπᾶν αὐτὸν ἐξ ὅλης τῆς
καρδίας καὶ ἐξ ὅλης τῆς συνέσεως καὶ ἐξ ὅλης τῆς ἰσχύος, καὶ τὸ ἀγαπᾶν τὸν
πλησίον ὡς ἑαυτὸν περισσότερόν ἐστιν πάντων τῶν ὁλοκαυτωμάτων καὶ θυσιῶν.
(34) καὶ ὁ Ἰησοῦς, ἰδὼν [αὐτὸν] ὅτι νουνεχῶς ἀπεκρίθη, εἶπεν αὐτῷ· οὐ μακρὰν
εἶ ἀπὸ τῆς βασιλείας τοῦ θεοῦ.

Lc   om.

8. Mt (22,46)   ¹οὐδὲ ἐτόλμησέν τις ... ἐπερωτῆσαι ²// αὐτὸν οὐκέτι.

Mc 12,34   καὶ οὐδεὶς οὐκέτι ἐτόλμα αὐτὸν ἐπερωτῆσαι.

Lc 20,40   οὐκέτι γὰρ ἐτόλμων   ἐπερωτᾶν   // αὐτὸν οὐδέν.

§ 78. Mc 12,35-37a; Mt 22,41-46; Lc 20,41-44

1. Mt 22,41   συνηγμένων ¹δὲ τῶν Φαρισαίων ²ἐπηρώτησεν ³αὐτοὺς ὁ Ἰησοῦς λέγων·
Mc 12,35   καὶ ⁴ἀποκριθεὶς ὁ Ἰησοῦς   ἔλεγεν   ⁵διδάσκων ἐν τῷ ἱερῷ·
Lc 20,41   εἶπεν   δὲ   πρὸς αὐτούς·

2. Mt 22,42   τίνος ¹/ υἱός ἐστιν; λέγουσιν αὐτῷ· τοῦ Δαυίδ.
Mc 12,35   πῶς λέγουσιν ²οἱ γραμματεῖς ὅτι ... υἱὸς Δαυίδ ἐστιν;
Lc 20,41   πῶς λέγουσιν ...   εἶναι Δαυὶδ / υἱόν;

3. Mt 22,43   πῶς ¹οὖν Δαυὶδ   ἐν   πνεύματι   ²καλεῖ αὐτὸν κύριον ³λέγων·
Mc 12,36   αὐτὸς   Δαυὶδ εἶπεν ἐν τῷ πνεύματι ⁴τῷ ἁγίῳ·
Lc 20,42   αὐτὸς γὰρ Δαυὶδ λέγει ἐν   βίβλῳ ψαλμῶν·

4. Mt 22,44   κάθου   ἐκ δεξιῶν μου
Mc 12,36   (κάθισον) ἐκ δεξιῶν μου   Ν²⁶ κάθου
Lc 20,42   κάθου   ἐκ δεξιῶν μου

5. Mt 22,45   εἰ   ¹οὖν Δαυὶδ ²καλεῖ αὐτὸν κύριον,   ³πῶς υἱὸς αὐτοῦ   ⁴// ἐστιν;
Mc 12,37   ⁵αὐτὸς   Δαυὶδ λέγει αὐτὸν κύριον, καὶ πόθεν   αὐτοῦ   ἐστιν υἱός;
Lc 20,44   Δαυὶδ οὖν   κύριον αὐτὸν   καλεῖ, καὶ πῶς   αὐτοῦ υἱός // ἐστιν;

§ 79. Mc 12,37b-40; Mt 23,1-2.5-7; Lc 20,45-47

1. Mt 23,1   τότε ὁ Ἰησοῦς   ¹ἐλάλησεν τοῖς ὄχλοις καὶ ²τοῖς μαθηταῖς αὐτοῦ λέγων·
Mc 12,37-38   ³καὶ[ὁ]πολὺς ὄχλος ἤκουεν αὐτοῦ ἡδέως. (38) καὶ ⁴ἐν τῇ διδαχῇ αὐτοῦ ἔλεγεν·
Lc 20,45   ἀκούοντος δὲ παντὸς τοῦ λαοῦ εἶπεν   τοῖς μαθηταῖς [αὐτοῦ]·

2. Mt 23,6   ¹φιλοῦσιν δὲ τήν
Mc 12,38   τῶν ²θελόντων ἐν στολαῖς περιπατεῖν καὶ   ἀσπασμούς
Lc 20,46   τῶν   θελόντων περιπατεῖν ἐν στολαῖς καὶ φιλούντων ἀσπασμούς

§ 80. Mc 12,41-44; Lc 21,1-4

§ 81. Mc 13,1-4; Mt 24,1-3; Lc 21,5-7

1. Mt 24,1   καὶ προσῆλθον οἱ μαθηταὶ αὐτοῦ ἐπιδεῖξαι αὐτῷ
   Mc 13,1   ¹λέγει αὐτῷ ²εἷς τῶν μαθητῶν αὐτοῦ·   ³διδάσκαλε, ἴδε
   Lc 21,5   καί   τινων λεγόντων περὶ τοῦ ἱεροῦ, ὅτι

2. Mt 24,1   τὰς οἰκοδομὰς τοῦ ἱεροῦ.
   Mc 13,1   ἴδε ¹ποταποὶ ²ᵃλίθοι   καὶ ¹ποταπαὶ ²ᵇοἰκοδομαί.
   Lc 21,5   λίθοις καλοῖς καὶ ἀναθήμασιν   κεκόσμηται,

3. Mt 24,2   ὁ δὲ ἀποκριθεὶς εἶπεν αὐτοῖς· οὐ ¹βλέπετε ²ταῦτα πάντα ;
   Mc 13,2   καὶ ὁ ³Ἰησοῦς εἶπεν αὐτῷ·   βλέπεις ταύτας ⁴τὰς μεγάλας οἰκοδομάς ;
   Lc 21,5-6   εἶπεν·   (6) ταῦτα ἃ θεωρεῖτε,

4. Mt 24,2   ¹ἀμὴν λέγω ὑμῖν,   οὐ μὴ ἀφεθῇ ὧδε ... ὃς οὐ   ²καταλυθήσεται.
   Mc 13,2   οὐ μὴ ἀφεθῇ ὧδε ... ὃς οὐ ³μὴ καταλυθῇ.
   Lc 21,6   ἐλεύσονται ἡμέραι ἐν αἷς οὐκ   ἀφεθήσεται ... ὃς οὐ   καταλυθήσεται.

5. Mt 24,3   καθημένου ¹δὲ αὐτοῦ ἐπὶ τοῦ ὄρους τῶν ἐλαιῶν
   Mc 13,3   καὶ καθημένου αὐτοῦ εἰς τὸ ὄρος τῶν ἐλαιῶν ²κατέναντι τοῦ ἱεροῦ,
   Lc 21,7   ἐπηρώτησαν δὲ αὐτόν

6. Mt 24,3   προσῆλθον αὐτῷ οἱ μαθηταὶ κατ' ἰδίαν ¹λέγοντες·
   Mc 13,3   ²ἐπηρώτα αὐτὸν κατ' ἰδίαν   ³Πέτρος καὶ Ἰάκωβος
               καὶ Ἰωάννης καὶ Ἀνδρέας·
   Lc 21,7   ἐπηρώτησαν δὲ αὐτὸν   λέγοντες·

7. Mt 24,3   τί τὸ σημεῖον τῆς σῆς παρουσίας καὶ συντελείας τοῦ αἰῶνος ;
   Mc 13,4   τί τὸ σημεῖον ὅταν μέλλῃ ¹ᵃταῦτα ᵇσυντελεῖσθαι ²πάντα ;
   Lc 21,7   τί τὸ σημεῖον ὅταν μέλλῃ ταῦτα γίνεσθαι ;

§ 82. Mc 13,5-8; Mt 24,4-8; Lc 21,8-11

1. Mt 24,4   καὶ ἀποκριθεὶς ὁ Ἰησοῦς ¹εἶπεν   αὐτοῖς·
   Mc 13,5   ὁ δὲ   Ἰησοῦς ²ἤρξατο λέγειν αὐτοῖς·
   Lc 21,8   ὁ δὲ   εἶπεν·

2. Mt 24,5   πολλοὶ ¹γὰρ ἐλεύσονται ἐπὶ τῷ ὀνόματί μου λέγοντες·   ἐγώ εἰμι ὁ χριστός,
   Mc 13,6   πολλοὶ   ἐλεύσονται ἐπὶ τῷ ὀνόματί μου λέγοντες ²ὅτι ἐγώ εἰμι,
   Lc 21,8   πολλοὶ γὰρ ἐλεύσονται ἐπὶ τῷ ὀνόματί μου λέγοντες·   ἐγώ εἰμι,

3. Mt 24,6   δεῖ γὰρ   γενέσθαι,
   Mc 13,7   δεῖ   γενέσθαι,
   Lc 21,9   δεῖ γὰρ ταῦτα γενέσθαι πρῶτον,

4. Mt 24,7   ¹καὶ ἔσονται λιμοὶ καὶ σεισμοὶ κατὰ τόπους·
   Mc 13,8   ²ᵃἔσονται   σεισμοὶ κατὰ τόπους,   ᵇἔσονται λιμοί·
   Lc 21,11   σεισμοί τε μεγάλοι καὶ   κατὰ τόπους λιμοὶ καὶ λοιμοὶ ἔσονται,

§ 83. Mc 13,9-13; Mt 24,9-14; (10,17-22); Lc 21,12-19

1. Mt (10,17)   προσέχετε δὲ ἀπὸ τῶν ἀνθρώπων·
   Mt 24,9   τότε
   Mc 13,9   βλέπετε δὲ ὑμεῖς ἑαυτούς·
   Lc 21,12   πρὸ δὲ τούτων πάντων

2. Mt (10,17)   παραδώσουσιν ¹γὰρ ὑμᾶς εἰς συνέδρια, καὶ ἐν ²ταῖς συναγωγαῖς αὐτῶν
   Mc 13,9   παραδώσουσιν   ὑμᾶς εἰς συνέδρια καὶ εἰς   συναγωγάς
   Lc 21,12   παραδιδόντες   εἰς τὰς συναγωγὰς καὶ φυλακάς,
   Lc (12,11)   εἰσφέρουσιν   ὑμᾶς   εἰς τὰς συναγωγάς

3. Mt (10,17-18) μαστιγώσουσιν ὑμᾶς· (18) καὶ ἐπὶ ¹ἡγεμόνας δὲ καὶ βασιλεῖς ἀχθήσεσθε
   Mc 13,9   ²δαρήσεσθε   καὶ ἐπὶ ἡγεμόνων   καὶ βασιλέων σταθήσεσθε
   Lc 21,12   ἀπαγομένους   ἐπὶ βασιλεῖς   καὶ ἡγεμόνας
   Lc (12,11)   καὶ τὰς ἀρχὰς   καὶ τὰς ἐξουσίας,

4. Mt (10,18)   εἰς μαρτύριον αὐτοῖς   καὶ   τοῖς ἔθνεσιν.
   Mt (24,14)   καὶ   κηρυχθήσεται...
                εἰς μαρτύριον   πᾶσιν τοῖς ἔθνεσιν, καὶ τότε ἥξει τὸ τέλος.
   Mc 13,9-10 εἰς μαρτύριον αὐτοῖς. (10) καὶ εἰς πάντα τὰ   ἔθνη πρῶτον δεῖ κηρυχθῆναι
   Lc 21,13   ἀποβήσεται ὑμῖν εἰς μαρτύριον.

5. Mt (10,19)   ὅταν ¹δὲ   παραδῶσιν ὑμᾶς,
   Mc 13,11   καὶ ὅταν ²ἄγωσιν   ὑμᾶς παραδιδόντες,
   Lc (12,11)   ὅταν δὲ εἰσφέρωσιν ὑμᾶς

6. Mt (10,19)   μὴ   μεριμνήσητε πῶς ἢ τί λαλήσητε·
   Mc 13,11   μὴ προμεριμνᾶτε   τί λαλήσητε,
   Lc 21,14   μὴ προμελετᾶν   ἀπολογηθῆναι·
   Lc (12,11)   μὴ   μεριμνήσητε πῶς ἢ τί ἀπολογήσησθε ἢ τί εἴπητε·

7. Mt (10,19)   δοθήσεται ¹γὰρ   ὑμῖν ἐν ἐκείνῃ τῇ ὥρᾳ τί   λαλήσητε·
   Mc 13,11   ²ἀλλ' ὃ ἐὰν δοθῇ   ὑμῖν ἐν ἐκείνῃ τῇ ὥρᾳ, τοῦτο λαλεῖτε·
   Lc 21,15   ἐγὼ γὰρ δώσω   ὑμῖν   στόμα καὶ σοφίαν,
   Lc (12,12)   τὸ γὰρ ἅγιον πνεῦμα διδάξει ὑμᾶς ἐν αὐτῇ τῇ ὥρᾳ ἃ δεῖ εἰπεῖν.

8. Mt (10,21)   παραδώσει   δὲ ἀδελφὸς ἀδελφὸν εἰς θάνατον καὶ πατὴρ τέκνον,
   Mc 13,12   καὶ παραδώσει   ἀδελφὸς ἀδελφὸν εἰς θάνατον καὶ πατὴρ τέκνον,
   Lc 21,16   παραδοθήσεσθε δὲ καὶ ὑπὸ γονέων καὶ ἀδελφῶν

9. Mt (10,21)   καὶ θανατώσουσιν αὐτούς.
   Mt 24,9   καὶ ἀποκτενοῦσιν ὑμᾶς,
   Mc 13,12   καὶ θανατώσουσιν αὐτούς·
   Lc 21,16   καὶ θανατώσουσιν ἐξ ὑμῶν,

§ 84. Mc 13,14-20; Mt 24,15-22; Lc 21,20-24; (17,31)

1. Mt 24,16-17   τότε οἱ ἐν τῇ Ἰουδαίᾳ…, (17) ὁ   ἐπὶ τοῦ   δώματος
   Mc 13,14-15   τότε οἱ ἐν τῇ Ἰουδαίᾳ…, (15) ὁ [δὲ] ἐπὶ τοῦ   δώματος
   Lc 21,21   τότε οἱ ἐν τῇ Ἰουδαίᾳ…, καὶ οἱ   ἐν ταῖς χώραις
   Lc (17,31)   ἐν ἐκείνῃ τῇ ἡμέρᾳ   ὃς ἔσται ἐπὶ τοῦ   δώματος

2. Mt 24,17   μὴ καταβάτω   ἆραι ¹τὰ   ἐκ τῆς οἰκίας αὐτοῦ,
   Mc 13,15   ᵃμὴ καταβάτω ²ᵇμηδὲ εἰσελθάτω   ἆραι τι   ἐκ τῆς οἰκίας αὐτοῦ,
   Lc 21,21   μὴ εἰσερχέσθωσαν   εἰς αὐτήν,
   Lc (17,31)   ἐν τῇ οἰκίᾳ, μὴ καταβάτω   ἆραι αὐτά,

3. Mt 24,18   καὶ ὁ ἐν τῷ ἀγρῷ   μὴ ἐπιστρεψάτω   ὀπίσω
   Mc 13,16   καὶ ὁ εἰς τὸν ἀγρὸν   μὴ ἐπιστρεψάτω εἰς τὰ ὀπίσω
   Lc 21,21   καὶ οἱ ἐν ταῖς χώραις   μὴ εἰσερχέσθωσαν εἰς αὐτήν,
   Lc (17,31)   καὶ ὁ ἐν   ἀγρῷ ὁμοίως μὴ ἐπιστρεψάτω εἰς τὰ ὀπίσω.

4. Mt 24,21   ¹ἔσται   γὰρ τότε   θλῖψις ²μεγάλη,
   Mc 13,19   ἔσονται γὰρ ³αἱ ἡμέραι ἐκεῖναι θλῖψις,
   Lc 21,23   ἔσται   γὰρ   ἀνάγκη μεγάλη

§ 85. Mc 13,21-23; Mt 24,23-28; (Lc 17,23)

1. Mt (24,26)   ἰδοὺ ἐν τῇ ἐρήμῳ ἐστίν,   μὴ ¹ἐξέλθητε· ἰδοὺ …, μὴ   πιστεύσητε.
   Mt 24,23   ²ἰδοὺ ὧδε ὁ χριστός, ἤ· ὧδε,   μὴ   πιστεύσητε·
   Mc 13,21   ἴδε ὧδε ὁ χριστός,   ἴδε ἐκεῖ,   μὴ ³πιστεύετε·
   Lc (17,23)   ἰδοὺ ἐκεῖ,   [ἤ·] ἰδοὺ ὧδε· μὴ ἀπέλθητε   μηδὲ διώξητε.

§ 86. Mc 13,24-27; Mt 24,29-31; Lc 21,25-28

1. Mt 24,29   εὐθέως δὲ   μετὰ τὴν θλῖψιν τῶν ἡμερῶν ἐκείνων
   Mc 13,24   ἀλλὰ ἐν ἐκείναις ταῖς ἡμέραις μετὰ τὴν θλῖψιν   ἐκείνην
   Lc 21,25   καί

2. Mt 24,29   πεσοῦνται…,   καὶ αἱ δυνάμεις   ¹τῶν οὐρανῶν σαλευθήσονται.
   Mc 13,25   ἔσονται… ²πίπτοντες,   καὶ αἱ δυνάμεις αἱ ἐν τοῖς οὐρανοῖς σαλευθήσονται.
   Lc 21,25-26 ἔσονται…   (26) … αἱ γὰρ δυνάμεις   τῶν οὐρανῶν σαλευθήσονται.

3. Mt 24,30   ¹καὶ τότε κόψονται πᾶσαι αἱ φυλαὶ τῆς γῆς … μετὰ δυνάμεως καὶ δόξης ²/ πολλῆς·
   Mc 13,26   μετὰ δυνάμεως πολλῆς καὶ δόξης.
   Lc 21,26-27 ἀποψυχόντων ἀνθρώπων ἀπὸ φόβου καὶ προσδοκίας τῶν ἐπερχομένων τῇ
       οἰκουμένῃ·   (27) … μετὰ δυνάμεως καὶ δόξης / πολλῆς.

§ 87. Mc 13,28-32; Mt 24,32-36; Lc 21,29-33

1. Mt 24,34   ἕως ἂν   πάντα ταῦτα γένηται.
   Mc 13,30   μέχρις οὗ ταῦτα πάντα γένηται.
   Lc 21,32   ἕως ἂν   πάντα γένηται.

2. Mt 24,35   οἱ δὲ λόγοι μου οὐ ⁽¹⁾μὴ παρέλθωσιν.
   Mc 13,31   οἱ δὲ λόγοι μου οὐ   μὴ παρελεύσονται.
   Lc 21,33   οἱ δὲ λόγοι μου οὐ   μὴ παρελεύσονται.

§ 88. Mc 13,33-37; (Mt 25,13-15); Lc (19,12-13); 21,36

1. Mt 25,13   γρηγορεῖτε ¹οὖν, ὅτι οὐκ οἴδατε τὴν ἡμέραν οὐδὲ τὴν ὥραν.
   Mc 13,33   ²βλέπετε, ἀγρυπνεῖτε·   οὐκ οἴδατε γὰρ πότε ὁ καιρός ἐστιν.
   Lc 21,36   ἀγρυπνεῖτε δὲ   ἐν παντὶ καιρῷ

2. Mt 25,14   ὥσπερ γὰρ ἄνθρωπος   ἀποδημῶν
   Mc 13,34   ὡς   ἄνθρωπος   ἀπόδημος ἀφεὶς τὴν οἰκίαν αὐτοῦ
   Lc 19,12   ἄνθρωπός τις εὐγενὴς ἐπορεύθη εἰς χώραν μακράν

3. Mt 25,14   ¹ἐκάλεσεν τοὺς ἰδίους δούλους καὶ παρέδωκεν αὐτοῖς   τὰ ὑπάρχοντα αὐτοῦ,
   Mc 13,34   καὶ   δοὺς τοῖς δούλοις αὐτοῦ ²τὴν ἐξουσίαν
   Lc 19,13   καλέσας δὲ   δέκα δούλους ἑαυτοῦ ἔδωκεν αὐτοῖς   δέκα μνᾶς,

4. Mt 25,15   ἑκάστῳ κατὰ τὴν ἰδίαν δύναμιν,
   Mc 13,34   ἑκάστῳ τὸ ἔργον αὐτοῦ,   καὶ τῷ θυρωρῷ ἐνετείλατο ἵνα γρηγορῇ.
   Lc 19,13   om.

5. Mt (25,14-30) Parabola talentorum.
   Mc 13,34   om.
   Lc (19,12-27) Parabola mnarum.

6. Mt (24,42)   γρηγορεῖτε οὖν,   ¹ὅτι οὐκ οἴδατε ποίᾳ ἡμέρᾳ ὁ κύριος
   Mc 13,35   γρηγορεῖτε οὖν·   οὐκ οἴδατε ²γὰρ πότε   ὁ κύριος
   Lc (12,40)   καὶ ὑμεῖς γίνεσθε ἕτοιμοι, ὅτι ᾗ ὥρᾳ οὐ δοκεῖτε   ὁ υἱὸς τοῦ ἀνθρώπου

7. Mt (24,44)   ¹καὶ ὑμεῖς γίνεσθε ἕτοιμοι, ²ὅτι⌝ ᾗ οὐ δοκεῖτε ὥρᾳ   ὁ υἱὸς τοῦ ἀνθρώπου
   Mt (24,42)   γρηγορεῖτε οὖν,   ὅτι οὐκ οἴδατε ...   ὁ κύριος ὑμῶν
   Mc 13,35   γρηγορεῖτε οὖν·   οὐκ οἴδατε ³γὰρ ... ὁ κύριος τῆς οἰκίας
   Lc (12,40)   καὶ ὑμεῖς γίνεσθε ἕτοιμοι, ὅτι ᾗ ὥρᾳ οὐ δοκεῖτε ὁ υἱὸς τοῦ ἀνθρώπου

8. Mt (24,44)   ᾗ ... ὥρᾳ ὁ υἱὸς τοῦ ἀνθρώπου ἔρχεται.
   Mt 24,42   ποίᾳ ἡμέρᾳ ὁ κύριος ὑμῶν   ἔρχεται.
   Mc 13,35   πότε   ὁ κύριος τῆς οἰκίας ἔρχεται, ἢ ὀψὲ ἢ μεσονύκτιον ἢ ἀλεκτοροφω-
      νίας ἢ πρωΐ·
   Lc (12,40)   ᾗ ὥρᾳ ... ὁ υἱὸς τοῦ ἀνθρώπου ἔρχεται.

9. Mt   om.
   Mc 13,36-37 μὴ ἐλθὼν ἐξαίφνης εὕρῃ ὑμᾶς καθεύδοντας. (37) ὃ δὲ ὑμῖν λέγω, πᾶσιν λέγω,
      γρηγορεῖτε.
   Lc   om.

§ 89. Mc 14,1-2; Mt 26,1-5; Lc 22,1-2

1. Mt 26,2   οἴδατε ὅτι μετὰ δύο ἡμέρας   τὸ πάσχα   γίνεται,
    Mc 14,1   ¹ἦν δὲ   ²ᵃτὸ πάσχα καὶ ᵇτὰ ἄζυμα μέτα δύο ἡμέρας.
    Lc 22,1   ἤγγιζεν δὲ   ἡ ἑορτὴ   τῶν ἀζύμων ἡ λεγομένη πάσχα.

2. Mt 26,4   ἵνα   τὸν Ἰησοῦν   δόλῳ κρατήσωσιν
    Mc 14,1   ᵃπῶς   αὐτὸν ᵇἐν δόλῳ κρατήσαντες
    Lc 22,2   τὸ πῶς   ἀνέλωσιν   αὐτόν·

§ 90. Mc 14,3-9; Mt 26,6-13; (Lc 7,36-50)

1. Mt 26,6-7   τοῦ ¹δὲ Ἰησοῦ γενομένου ἐν Βηθανίᾳ ἐν   οἰκίᾳ..., (7) προσῆλθεν αὐτῷ
    Mc 14,3   καὶ ²ὄντος αὐτοῦ   ἐν Βηθανίᾳ ἐν τῇ οἰκίᾳ... κατακειμένου αὐτοῦ ἦλθεν
    Lc 7,36   ἠρώτα δέ τις ...· καὶ εἰσελθὼν εἰς τὸν οἶκον τοῦ Φαρισαίου κατεκλίθη.

2. Mt 26,7   ἔχουσα   ἀλάβαστρον μύρου   βαρυτίμου
    Mc 14,3   ἔχουσα   ἀλάβαστρον μύρου νάρδου πιστικῆς πολυτελοῦς·
    Lc 7,37   κομίσασα ἀλάβαστρον μύρου

3. Mt 26,7   ¹καὶ   κατέχεεν ἐπὶ   τῆς κεφαλῆς αὐτοῦ ἀνακειμένου.
    Mc 14,3   ²συντρίψασα τὴν ἀλάβαστρον κατέχεεν αὐτοῦ τῆς κεφαλῆς.
    Lc 7,38   καὶ   ἤλειφεν τῷ μύρῳ.

4. Mt 26,8   ¹ἰδόντες δὲ οἱ μαθηταὶ ἠγανάκτησαν   λέγοντες·
    Mc 14,4   ²ἦσαν δέ τινες   ἀγανακτοῦντες πρὸς ἑαυτούς·
    Lc 7,39   ἰδὼν δὲ ὁ Φαρισαῖος ... εἶπεν ἐν ἑαυτῷ λέγων·

5. Mt 26,10   γνοὺς δὲ   ὁ Ἰησοῦς εἶπεν   ¹αὐτοῖς·
    Mc 14,5-6   ²καὶ ἐνεβριμῶντο αὐτῇ.   (6) ὁ δὲ Ἰησοῦς εἶπεν·
    Lc 7,40   καὶ ἀποκριθεὶς ὁ Ἰησοῦς εἶπεν πρὸς αὐτόν·

6. Mt 26,12   om.
    Mc 14,8   ὃ ἔσχεν ἐποίησεν·
    Lc 7,46   om.

7. Mt 26,12   βαλοῦσα ¹γὰρ ²αὕτη τὸ ³μύρον τοῦτο ἐπὶ τοῦ σώματός μου πρὸς τὸ ἐνταφιάσαι
               με ἐποίησεν.
    Mc 14,8   προέλαβεν   μυρίσαι   τὸ σῶμά μου εἰς τὸν ἐνταφιασμόν.
    Lc 7,46   αὕτη δὲ   μύρῳ ἤλειψεν τοὺς πόδας μου.

§ 91. Mc 14,10-11; Mt 26,14-16; Lc 22,3-6

1. Mt 26,14   τότε πορευθεὶς ... ¹ὁ λεγόμενος Ἰούδας   ²Ἰσκαριώτης,
   Mc 14,10   ³καὶ   Ἰούδας   Ἰσκαριώθ,
   Lc 22,3   εἰσῆλθεν δὲ σατανᾶς εἰς   Ἰούδαν τὸν καλούμενον Ἰσκαριώτην,

2. Mt 26,15   κἀγὼ ὑμῖν ¹/ παραδώσω ²/ αὐτόν;
   Mc 14,10   ³ἵνα   αὐτὸν παραδοῖ αὐτοῖς.
   Lc 22,4   τὸ πῶς αὐτοῖς / παραδῷ / αὐτόν·

3. Mt 26,15   οἱ δὲ   ἔστησαν   αὐτῷ τριάκοντα ἀργύρια.
   Mc 14,11   οἱ δὲ ἀκούσαντες ἐχάρησαν καὶ ἐπηγγείλαντο αὐτῷ   ἀργύριον δοῦναι.
   Lc 22,5   καὶ   ἐχάρησαν, καὶ συνέθεντο   αὐτῷ   ἀργύριον δοῦναι.

4. Mt 26,16   καὶ ἀπὸ τότε ἐζήτει   ¹εὐκαιρίαν ἵνα αὐτὸν παραδῷ.
   Mc 14,11   καὶ   ἐζήτει ²πῶς αὐτὸν εὐκαίρως   παραδοῖ.
   Lc 22,6   καὶ   ἐζήτει   εὐκαιρίαν τοῦ   παραδοῦναι αὐτόν

§ 92. Mc 14,12-16; Mt 26,17-19; Lc 22,7-13

1. Mt 26,17   τῇ   δὲ πρώτῃ   τῶν ἀζύμων
   Mc 14,12   καὶ τῇ   πρώτῃ ἡμέρᾳ τῶν ἀζύμων, ὅτε τὸ πάσχα ἔθυον,
   Lc 22,7   ἦλθεν δὲ   ἡ ἡμέρα τῶν ἀζύμων, [ἐν] ᾗ ἔδει θύεσθαι τὸ πάσχα·

2. Mt 26,17   προσῆλθον οἱ μαθηταὶ τῷ Ἰησοῦ λέγοντες· ποῦ θέλεις   ἑτοιμάσωμεν
   Mc 14,12   ¹λέγουσιν αὐτῷ οἱ μαθηταὶ αὐτοῦ·   ποῦ θέλεις ²ἀπελθόντες ἑτοιμάσωμεν
   Lc 22,9   οἱ δὲ εἶπαν αὐτῷ·   ποῦ θέλεις   ἑτοιμάσωμεν;

3. Mt 26,18   om.
   Mc 14,13   καὶ ἀποστέλλει δύο τῶν μαθητῶν αὐτοῦ
   Lc (22,8)   καὶ ἀπέστειλεν Πέτρον καὶ Ἰωάννην

4. Mt 26,18   ¹ὁ δὲ ²εἶπεν·   ὑπάγετε   εἰς τὴν πόλιν
   Mc 14,13   καὶ λέγει αὐτοῖς· ὑπάγετε   εἰς τὴν πόλιν,
   Lc 22,10   ὁ δὲ εἶπεν αὐτοῖς· ἰδοὺ εἰσελθόντων ὑμῶν εἰς τὴν πόλιν

5. Mt 26,18   καὶ   εἴπατε αὐτῷ·
   Mc 14,14   καὶ ¹ὅπου ἐὰν εἰσέλθῃ   εἴπατε τῷ οἰκοδεσπότῃ   ²ὅτι
   Lc 22,10-11   εἰς ἣν εἰσπορεύεται· (11) καὶ ἐρεῖτε τῷ οἰκοδεσπότῃ τῆς οἰκίας·

6. Mt 26,18   πρὸς σὲ   ποιῶ τὸ πάσχα
   Mc 14,14   ποῦ ἐστιν τὸ κατάλυμά μου, ὅπου   τὸ πάσχα ... φάγω;
   Lc 22,11   ποῦ ἐστιν τὸ κατάλυμα   ὅπου   τὸ πάσχα ... φάγω;

7. Mt 26,19   καὶ ἐποίησαν οἱ μαθηταί
   Mc 14,16   καὶ ἐξῆλθον οἱ μαθηταὶ καὶ ἦλθον εἰς τὴν πόλιν
   Lc 22,13   ἀπελθόντες δέ

§ 93. Mc 14,17-21 ; Mt 26,20-25 ; Lc 22,14.(21-23)

1. Mt 26,20   ¹ἀνέκειτο μετὰ τῶν δώδεκα.
   Mc 14,17-18 ²ἔρχεται μετὰ ⁽³⁾τῶν δώδεκα. (18) καὶ ἀνακειμένων αὐτῶν
   Lc 22,14   ἀνέπεσεν, καὶ οἱ ἀπόστολοι σὺν αὐτῷ.

2. Mt 26,22   ¹καὶ   λυπούμενοι σφόδρα ἤρξαντο λέγειν αὐτῷ εἷς ἕκαστος·
   Mc 14,19   ἤρξαντο λυπεῖσθαι   ²καὶ   λέγειν αὐτῷ εἷς ³κατὰ εἷς·
   Lc (22,23)   καὶ αὐτοὶ ἤρξαντο   συζητεῖν πρὸς ἑαυτούς

3. Mt 26,22   μήτι ἐγώ εἰμι, κύριε ;
   Mc 14,19   μήτι ἐγώ ;
   Lc (22,23)   τὸ τίς ἄρα εἴη ἐξ αὐτῶν ὁ τοῦτο μέλλων πράσσειν.

4. Mt 26,23   ὁ ἐμβάψας   μετ᾽ ἐμοῦ ¹τὴν χεῖρα ἐν τῷ τρυβλίῳ,
                  οὗτός ²με παραδώσει.
   Mc 14,20   ³εἷς τῶν δώδεκα   ὁ ἐμβαπτόμενος μετ᾽ ἐμοῦ   εἰς τὸ   τρύβλιον.
   Lc 22,21   πλὴν ἰδοὺ ἡ χεὶρ τοῦ παραδιδόντος με μετ᾽ ἐμοῦ   ἐπὶ τῆς τραπέζης.

§ 94. Mc 14,22-25 ; Mt 26,26-29 ; Lc 22,15-20

1. Mt 26,26   εὐλογήσας ἔκλασεν καὶ δοὺς   τοῖς μαθηταῖς   εἶπεν·
   Mc 14,22   εὐλογήσας ἔκλασεν καὶ ἔδωκεν αὐτοῖς   καὶ εἶπεν·
   Lc 22,19   εὐχαριστήσας ἔκλασεν καὶ ἔδωκεν αὐτοῖς   λέγων·

2. Mt 26,27   ἔδωκεν αὐτοῖς   ¹λέγων· πίετε ἐξ αὐτοῦ πάντες·
   Mc 14,23-24 ἔδωκεν αὐτοῖς,   καὶ ἔπιον ἐξ αὐτοῦ πάντες. (24) ²καὶ εἶπεν αὐτοῖς·
   Lc 22,20   μετὰ τὸ δειπνῆσαι, λέγων·

3. Mt 26,28   τοῦτο γάρ ἐστιν τὸ αἷμά μου τῆς (καινῆς) διαθήκης   N²⁶ om
   Mc 14,24   τοῦτό   ἐστιν τὸ αἷμά μου τῆς   διαθήκης
   Lc 22,20   τοῦτο   τὸ ποτήριον ἡ καινὴ διαθήκη ἐν τῷ αἵματι

4. Mt 26,28   τὸ περὶ πολλῶν // ἐκχυννόμενον
   Mc 14,24   τὸ ἐκχυννόμενον ὑπὲρ πολλῶν.
   Lc 22,20   τὸ ὑπὲρ ὑμῶν // ἐκχυννόμενον.

5. Mt 26,29   λέγω ¹δὲ ὑμῖν,   οὐ μὴ πίω ²// ³ἀπ᾽ ἄρτι
   Mc 14,25   ⁴ἀμὴν λέγω ὑμῖν ⁽⁵⁾ὅτι ⁶οὐκέτι οὐ μὴ πίω
   Lc (22,18)   λέγω γὰρ ὑμῖν, [ὅτι]   οὐ μὴ πίω // ἀπὸ τοῦ νῦν
   Lc (22,16)   λέγω γὰρ ὑμῖν ὅτι   οὐ μὴ φάγω

§ 95. Mc 14,26-31; Mt 26,30-35; Lc 22,31-34

1. Mt 26,33-34　ἀποκριθεὶς δὲ ὁ Πέτρος ¹εἶπεν αὐτῷ· … (34)　　　　ἔφη αὐτῷ ὁ Ἰησοῦς·
   Mc 14,29-30　　　　　ὁ δὲ Πέτρος ἔφη αὐτῷ· … (30) ²καὶ ³λέγει αὐτῷ ὁ Ἰησοῦς·
   Lc 22,33-34　　　　　ὁ δὲ　　　　εἶπεν αὐτῷ· … (34) ὁ δὲ εἶπεν·

2. Mt 26,34　ὅτι　　　　　　ἐν ταύτῃ τῇ νυκτὶ πρὶν　　ἀλέκτορα φωνῆσαι
   Mc 14,30　ὅτι ¹σὺ　　　 ²ᵃσήμερον ᵇταύτῃ τῇ νυκτὶ πρὶν ³ἢ δὶς ἀλέκτορα φωνῆσαι
   Lc 22,34　　　　οὐ φωνήσει σήμερον　　　　　　ἀλέκτωρ　　　ἕως

3. Mt 26,34　τρὶς ἀπαρνήσῃ // με.
   Mc 14,30　τρίς με ἀπαρνήσῃ.
   Lc 22,34　τρίς (ἀπαρνήσῃ // μὴ εἰδέναι με). N²⁶ με ἀπαρνήσῃ εἰδέναι

4. Mt 26,35　　　　　　　　　¹λέγει αὐτῷ ὁ Πέτρος·
   Mc 14,31　ὁ δὲ ²ἐκπερισσῶς ἐλάλει·
   Lc (22,33)　ὁ δὲ　　　　εἶπεν αὐτῷ·

§ 96. Mc 14,32-42; Mt 26,36-46; Lc 22,39-46

1. Mt 26,36　τότε ¹ἔρχεται μετ' αὐτῶν ὁ Ἰησοῦς εἰς χωρίον…, καὶ λέγει
   Mc 14,32　²καὶ ἔρχονται　　　　εἰς χωρίον…, καὶ λέγει
   Lc 22,40　γενόμενος δὲ　　　　ἐπὶ τοῦ τόπου　εἶπεν

2. Mt 26,39　καὶ προελθὼν μικρὸν　　　　　ἔπεσεν ἐπὶ πρόσωπον αὐτοῦ
   Mc 14,35　καὶ προελθὼν μικρὸν　　　　　ἔπιπτεν ἐπὶ τῆς γῆς,
   Lc 22,41　καὶ αὐτὸς ἀπεσπάσθη ἀπ' αὐτῶν ὡσεὶ λίθου βολήν, καὶ θεὶς τὰ γόνατα

3. Mt 26,39　　　προσευχόμενος　　　　　　　καὶ ¹λέγων·
   Mc 14,35-36　²καὶ προσηύχετο ³ἵνα εἰ δυνατόν ἐστιν παρέλθῃ ἀπ' αὐτοῦ ἡ ὥρα, (36) καὶ ἔλεγεν·
   Lc 22,41-42　προσηύχετο　　　　　　　　(42)　　　　λέγων·

4. Mt 26,39　　　¹πάτερ μου, ²εἰ　　　δυνατόν ἐστιν,
   Mc 14,36　³ἀββὰ ὁ πατήρ,　　⁴πάντα δυνατά σοι·
   Lc 22,42　　　πάτερ,　εἰ　　βούλει

5. Mt (26,42)　ἐὰν μὴ αὐτὸ πίω,　　　　　　¹γενηθήτω τὸ θέλημά σου.
   Mt 26,39　²πλὴν οὐχ ὡς ἐγὼ θέλω　　ἀλλ' ὡς σύ.
   Mc 14,36　ἀλλ' οὐ ³τί ἐγὼ θέλω　　ἀλλὰ τί σύ.
   Lc 22,42　πλὴν μὴ　　τὸ θέλημά μου ἀλλὰ τὸ σὸν γινέσθω.

6. Mt 26,40　καὶ ἔρχεται πρὸς τοὺς μαθητὰς καὶ εὑρίσκει αὐτοὺς καθεύδοντας,
   Mc 14,37　καὶ ἔρχεται　　　　καὶ εὑρίσκει αὐτοὺς καθεύδοντας,
   Lc 22,45　ἐλθὼν πρὸς τοὺς μαθητὰς　εὗρεν κοιμωμένους αὐτούς

7. Mt 26,40   οὕτως   οὐκ ¹ἰσχύσατε μίαν ὥραν γρηγορῆσαι μετ᾽ ἐμοῦ ;
    Mc 14,37   ²Σίμων, ³ᵃκαθεύδεις ; ᵇοὐκ ἴσχυσας μίαν ὥραν γρηγορῆσαι ;
    Lc 22,46   τί   καθεύδετε ;

8. Mt 26,41   ἵνα μὴ εἰσέλθητε εἰς πειρασμόν·
    Mc 14,38   ἵνα μὴ ἔλθητε εἰς πειρασμόν·
    Lc 22,46   ἵνα μὴ εἰσέλθητε εἰς πειρασμόν.

9. Mt 26,43   ἦσαν γὰρ αὐτῶν οἱ ὀφθαλμοὶ   ¹βεβαρημένοι.
    Mc 14,40   ἦσαν γὰρ αὐτῶν οἱ ὀφθαλμοὶ καταβαρυνόμενοι, ²καὶ οὐκ ᾔδεισαν τί ἀποκριθῶ-
             σιν αὐτῷ.
    Lc 22,46   om.
    Lc (9,32)   ἦσαν   βεβαρημένοι ὕπνῳ·

§ 97. Mc 14,43-52; Mt 26,47-56; Lc 22,47-53

1. Mt 26,47   καὶ   ἔτι αὐτοῦ λαλοῦντος, ¹ἰδοὺ   Ἰούδας... ²// ³ἦλθεν,
    Mc 14,43   καὶ ⁴εὐθὺς ἔτι αὐτοῦ λαλοῦντος ⁵παραγίνεται   Ἰούδας
    Lc 22,47   ἔτι αὐτοῦ λαλοῦντος ἰδοὺ ὄχλος, καὶ ὁ λεγόμενος Ἰούδας ... //
             προήρχετο αὐτούς,

2. Mt 26,49   καὶ   εὐθέως προσελθὼν ¹τῷ Ἰησοῦ εἶπεν·
    Mc 14,45   καὶ ²ἐλθὼν εὐθὺς προσελθὼν αὐτῷ   ³λέγει·
    Lc 22,47   καὶ   ἤγγισεν   τῷ Ἰησοῦ

3. Mt 26,50   ὁ δὲ Ἰησοῦς   εἶπεν αὐτῷ· ἑταῖρε, ἐφ᾽ ὃ πάρει.
    Mc 14,45   om.
    Lc 22,48   Ἰησοῦς δὲ εἶπεν αὐτῷ· Ἰούδα, φιλήματι τὸν υἱὸν τοῦ ἀνθρώπου παραδίδως ;

4. Mt 26,51   ¹καὶ ²ἰδοὺ   εἷς   τῶν μετὰ Ἰησοῦ ἐκτείνας τὴν χεῖρα
    Mc 14,47   εἷς δέ [τις] τῶν ³παρεστηκότων
    Lc 22,49   ²ἰδόντες δὲ   οἱ περὶ αὐτὸν   τὸ ἐσόμενον εἶπαν·
    Lc 22,50   καὶ ἐπάταξεν εἷς   τις ἐξ αὐτῶν

5. Mt 26,51   ἀπέσπασεν τὴν μάχαιραν αὐτοῦ, καὶ πατάξας τὸν δοῦλον τοῦ ἀρχιερέως
    Mc 14,47   σπασάμενος τὴν μάχαιραν   ἔπαισεν τὸν δοῦλον τοῦ ἀρχιερέως
    Lc 22,49-50 εἰ πατάξομεν ἐν μαχαίρῃ ;   (50) καὶ ἐπάταξεν ... τοῦ ἀρχιερέως τὸν δοῦλον

6. Mt 26,51   ἀφεῖλεν   αὐτοῦ τὸ ¹ὠτίον.
    Mc 14,47   καὶ ἀφεῖλεν αὐτοῦ τὸ ²ὠτάριον.
    Lc 22,50   καὶ ἀφεῖλεν   τὸ οὖς αὐτοῦ τὸ δεξιόν.
    Lc (22,51) καὶ ἁψάμενος   τοῦ ὠτίου   ἰάσατο αὐτόν.

7. Mt 26,52   τότε λέγει αὐτῷ ὁ Ἰησοῦς· ἀπόστρεψον τὴν μάχαιράν σου
    Mc 14,47   om.
    Lc 22,51   ἀποκριθεὶς δὲ ὁ Ἰησοῦς εἶπεν· ἐᾶτε ἕως τούτου·

8. Mt 26,52   οἱ λαβόντες μάχαιραν ἐν μαχαίρῃ ἀπολοῦνται.
   Mc 14,47   om.
   Lc (22,49) κύριε, εἰ πατάξομεν ἐν μαχαίρῃ ;

9. Mt (26,52) τότε   λέγει αὐτῷ ὁ Ἰησοῦς·
   Mt 26,55   [1]ἐν ἐκείνῃ τῇ ὥρᾳ εἶπεν [2]/ ὁ Ἰησοῦς τοῖς ὄχλοις·... ἐκαθεζόμην διδάσκων,
   Mc 14,48-49 [3]καὶ [4]ἀποκριθεὶς ὁ Ἰησοῦς εἶπεν [5]αὐτοῖς·... (49) ...[6]ἤμην πρὸς ὑμᾶς ... διδά-
               σκων
   Lc 22,52-53   εἶπεν δὲ / Ἰησοῦς πρὸς τοὺς παραγενομένους ἐπ᾽ αὐτόν...·
               (53) ... ὄντος μου μεθ᾽ ὑμῶν...· ἀλλ᾽ αὕτη ἐστὶν ὑμῶν ἡ ὥρα

10. Mt   om.
    Mc 14,51-52 καὶ νεανίσκος τις συνηκολούθει αὐτῷ περιβεβλημένος σινδόνα ἐπὶ γυμνοῦ, καὶ
               κρατοῦσιν αὐτόν. (52) ὁ δὲ καταλιπὼν τὴν σινδόνα γυμνὸς ἔφυγεν.
    Lc   om.

§ 98. Mc 14,53-54; Mt 26,57-58; Lc 22,54-55

1. Mt 26,57   οἱ [1]δὲ [2]κρατήσαντες τὸν Ἰησοῦν [3]/ ἀπήγαγον
   Mc 14,53   καὶ   ἀπήγαγον τὸν Ἰησοῦν
   Lc 22,54   συλλαβόντες δὲ   αὐτὸν   / ἤγαγον καὶ εἰσήγαγον

2. Mt 26,57   ὅπου οἱ γραμματεῖς καὶ οἱ πρεσβύτεροι [1]συνήχθησαν.
   Mc 14,53   καὶ [2]συνέρχονται [3]πάντες οἱ ἀρχιερεῖς καὶ οἱ πρεσβύτεροι καὶ γραμματεῖς.
   Lc (22,66) καὶ ... συνήχθη τὸ πρεσβυτέριον τοῦ λαοῦ, ἀρχιερεῖς τε καὶ γραμματεῖς,

3. Mt 26,58   ὁ [1]δὲ Πέτρος [2]ἠκολούθει αὐτῷ [3]// ἀπὸ μακρόθεν
   Mc 14,54   καὶ ὁ Πέτρος [4]ἀπὸ μακρόθεν ἠκολούθησεν αὐτῷ
   Lc 22,54   ὁ δὲ Πέτρος ἠκολούθει   //   μακρόθεν.

4. Mt 26,58   ἕως   [1]τῆς αὐλῆς τοῦ ἀρχιερέως, καὶ εἰσελθὼν ἔσω
   Mc 14,54   ἕως [2]ἔσω εἰς τὴν αὐλὴν τοῦ ἀρχιερέως,
   Lc 22,55   περιαψάντων δὲ πῦρ   ἐν μέσῳ τῆς αὐλῆς

5. Mt 26,58   καὶ   [1]ἐκάθητο   μετὰ τῶν ὑπηρετῶν
   Mc 14,54   καὶ ἦν [2a]συγκαθήμενος   [b]μετὰ τῶν ὑπηρετῶν
   Lc 22,55   καὶ   συγκαθισάντων ἐκάθητο ὁ Πέτρος μέσος αὐτῶν.

6. Mt 26,58   ἰδεῖν τὸ τέλος.
   Mc 14,54   καὶ θερμαινόμενος πρὸς τὸ φῶς.
   Lc 22,55   om.
   Lc (22,56) καθήμενον   πρὸς τὸ φῶς

§ 99. Mc 14,55-65; Mt 26,59-68; Lc 22,67-71. (63-65)

1. Mt 26,63   καὶ   ὁ ἀρχιερεὺς   εἶπεν   αὐτῷ· ἐξορκίζω σε
   Mc 14,61   ¹πάλιν ὁ ἀρχιερεὺς ἐπηρώτα αὐτὸν καὶ   ²λέγει   αὐτῷ·
   Lc 22,66-67   ἀπήγαγον αὐτὸν εἰς τὸ συνέδριον αὐτῶν, (67) λέγοντες·

2. Mt 26,63   ἵνα ¹ἡμῖν εἴπῃς ²εἰ σὺ   εἶ ὁ χριστὸς   ὁ υἱὸς τοῦ ³θεοῦ.
   Mc 14,61   σὺ   εἶ ὁ χριστὸς   ὁ υἱὸς τοῦ εὐλογητοῦ;
   Lc 22,67   εἰ σὺ   εἶ ὁ χριστός, εἰπὸν ἡμῖν.
   Lc (22,70)   σὺ οὖν εἶ   ὁ υἱὸς τοῦ θεοῦ;

3. Mt 26,64   λέγει   ¹αὐτῷ ὁ Ἰησοῦς· ²σὺ εἶπας·
   Mc 14,62   ὁ δὲ Ἰησοῦς εἶπεν·   ³ἐγώ εἰμι,
   Lc 22,67   εἶπεν δὲ   αὐτοῖς·   ἐὰν ὑμῖν εἴπω,
   Lc (22,70)   ὁ δὲ πρὸς   αὐτοὺς ἔφη·   ὑμεῖς λέγετε ὅτι   ἐγώ εἰμι.

4. Mt 26,64   ¹πλὴν λέγω ὑμῖν, ²ἀπ' ἄρτι   ὄψεσθε τὸν υἱὸν τοῦ ἀνθρώπου
   Mc 14,62   ³καὶ   ὄψεσθε τὸν υἱὸν τοῦ ἀνθρώπου
   Lc 22,69   ἀπὸ τοῦ νῦν δὲ ἔσται   ὁ   υἱὸς τοῦ ἀνθρώπου

5. Mt 26,64   τὸν υἱὸν τοῦ ἀνθρώπου καθήμενον // ἐκ δεξιῶν τῆς δυνάμεως
   Mc 14,62   τὸν υἱὸν τοῦ ἀνθρώπου ἐκ δεξιῶν καθήμενον   τῆς δυνάμεως
   Lc 22,69   ὁ   υἱὸς τοῦ ἀνθρώπου καθήμενος // ἐκ δεξιῶν τῆς δυνάμεως τοῦ θεοῦ.

6. Mt 26,65   τότε ὁ ἀρχιερεὺς διέρρηξεν τὰ ἱμάτια   αὐτοῦ λέγων·
   Mc 14,63   ὁ δὲ ἀρχιερεὺς   διαρρήξας τοὺς χιτῶνας αὐτοῦ λέγει·
   Lc 22,71   οἱ δὲ   εἶπαν·

7. Mt 26,65-66   ¹ἴδε νῦν   ἠκούσατε... (66)... ; οἱ   δὲ ἀποκριθέντες ²εἶπαν·
   Mc 14,64   ἠκούσατε... ;   οἱ   δὲ πάντες κατέκριναν
   Lc 22,71   αὐτοὶ γὰρ ἠκούσαμεν
   Lc (22,70)   εἶπαν δὲ πάντες·

8. Mt 26,67   τότε ἐνέπτυσαν εἰς   τὸ πρόσωπον αὐτοῦ
   Mc 14,65   καὶ ἤρξαντό τινες ἐμπτύειν αὐτῷ   καὶ περικαλύπτειν   αὐτοῦ τὸ πρόσωπον
   Lc (22,63-64) καὶ ... ἐνέπαιζον αὐτῷ δέροντες, (64) καὶ περικαλύψαντες αὐτόν

9. Mt 26,67-68   καὶ ἐκολάφισαν αὐτόν, οἱ δὲ ἐράπισαν (68) ¹λέγοντες·
   Mc 14,65   καὶ κολαφίζειν   αὐτὸν   ²καὶ λέγειν   ³αὐτῷ·
   Lc (22,64)   ἐπηρώτων   λέγοντες·

10. Mt 26,68   προφήτευσον ἡμῖν, χριστέ, τίς ἐστιν ὁ παίσας σε ;
   Mc 14,65   προφήτευσον,
   Lc (22,64)   προφήτευσον,   τίς ἐστιν ὁ παίσας σε ;

11. Mt (26,67)   οἱ δὲ   ἐράπισαν
   Mt 26,68   om.
   Mc 14,65   καὶ οἱ ὑπηρέται   ῥαπίσμασιν αὐτὸν ἔλαβον.
   Lc (22,65)   καὶ ἕτερα πολλὰ βλασφημοῦντες ἔλεγον εἰς αὐτόν.

§ 100. Mc 14,66-72; Mt 26,69-75; (Lc 22,56-62)

1. Mt 26,69   ὁ ¹δὲ   Πέτρος   ²ἐκάθητο ἔξω ἐν τῇ αὐλῇ·
   Mc 14,66   καὶ ³ὄντος τοῦ Πέτρου   κάτω ἐν τῇ αὐλῇ
   Lc 22,56   ἰδοῦσα δὲ   αὐτὸν παιδίσκη τις καθήμενον πρὸς τὸ φῶς

2. Mt 26,69   καὶ   προσῆλθεν αὐτῷ μία   ¹παιδίσκη
   Mc 14,66   ²ἔρχεται   μία τῶν παιδισκῶν ³τοῦ ἀρχιερέως,
   Lc 22,56   ἰδοῦσα δὲ   αὐτὸν   παιδίσκη τις

3. Mt 26,69   λέγουσα·
   Mc 14,67   καὶ ἰδοῦσα τὸν Πέτρον ¹θερμαινόμενον   ἐμβλέψασα αὐτῷ ²λέγει·
   Lc 22,56   ἰδοῦσα δὲ αὐτὸν ...   καθήμενον πρὸς τὸ φῶς καὶ ἀτενίσασα αὐτῷ εἶπεν·

4. Mt 26,70   ¹οὐκ οἶδα   τί λέγεις.
   Mc 14,68   οὔτε οἶδα ²οὔτε ἐπίσταμαι ³σὺ τί λέγεις.
   Lc 22,57   οὐκ οἶδα   αὐτόν,   γύναι.

5. Mt 26,71   ἐξελθόντα δὲ   εἰς τὸν πυλῶνα
   Mc 14,68   καὶ ἐξῆλθεν ¹ἔξω εἰς τὸ προαύλιον ²[καὶ ἀλέκτωρ ἐφώνησεν]
   Lc 22,57   om.

6. Mt 26,71   εἶδεν αὐτὸν ¹ἄλλη καὶ   λέγει τοῖς ἐκεῖ·
   Mc 14,69   ἡ παιδίσκη ἰδοῦσα αὐτὸν   ²ἤρξατο ³πάλιν λέγειν τοῖς παρεστῶσιν ⁴ὅτι
   Lc 22,58   ἕτερος ἰδὼν αὐτὸν   ἔφη·

7. Mt 26,71   οὗτος ¹ἦν ²μετὰ Ἰησοῦ τοῦ Ναζωραίου.
   Mc 14,69   οὗτος   ἐξ αὐτῶν ἐστιν.
   Lc 22,58   καὶ σὺ   ἐξ αὐτῶν εἶ.
   Lc (22,59) ἐπ' ἀληθείας καὶ οὗτος μετ' αὐτοῦ ἦν,

8. Mt 26,72   καὶ πάλιν ἠρνήσατο μετὰ ὅρκου ὅτι ¹οὐκ οἶδα τὸν ²ἄνθρωπον.
   Mc 14,70   ὁ δὲ πάλιν ἠρνεῖτο.
   Lc 22,58   ὁ δὲ Πέτρος ἔφη·   ἄνθρωπε, οὐκ εἰμί.

9. Mt (26,71)   εἶδεν αὐτὸν ¹ἄλλη   καὶ λέγει τοῖς ἐκεῖ·
   Mt 26,73   μετὰ μικρὸν δὲ προσελθόντες οἱ ἑστῶτες εἶπον τῷ Πέτρῳ·
   Mc 14,70   καὶ μετὰ μικρὸν ²πάλιν   οἱ παρεστῶτες ³ἔλεγον τῷ Πέτρῳ·
   Lc 22,59   καὶ διαστάσης ὡσεὶ ὥρας μιᾶς ἄλλος τις διϊσχυρίζετο λέγων·

10. Mt 26,73   ἀληθῶς καὶ σὺ   ἐξ αὐτῶν εἶ,
    Mc 14,70   ἀληθῶς   ἐξ αὐτῶν εἶ·
    Lc 22,59   ἐπ' ἀληθείας καὶ οὗτος μετ' αὐτοῦ ἦν,
    Lc (22,58)   καὶ σὺ   ἐξ αὐτῶν εἶ.

11. Mt 26,74   οὐκ οἶδα τὸν ἄνθρωπον.
    Mc 14,71   οὐκ οἶδα τὸν ἄνθρωπον τοῦτον ὃν λέγετε.
    Lc 22,60   ἄνθρωπε, οὐκ οἶδα   ὃ λέγεις.

12.   Mt 26,74   καὶ εὐθέως   ἀλέκτωρ ἐφώνησεν.
     Mc 14,72   καὶ εὐθὺς   ἐκ δευτέρου ἀλέκτωρ ἐφώνησεν.
     Lc 22,60   καὶ παραχρῆμα ἔτι λαλοῦντος αὐτοῦ   ἐφώνησεν ἀλέκτωρ.

13.   Mt 26,75   καὶ ἐμνήσθη ὁ Πέτρος ¹τοῦ ῥήματος Ἰησοῦ   ²// εἰρηκότος   ὅτι
     Mc 14,72   καὶ ἀνεμνήσθη ὁ Πέτρος τὸ ῥῆμα   ὡς εἶπεν αὐτῷ ὁ Ἰησοῦς   ὅτι
     Lc 22,61   καὶ ὑπεμνήσθη ὁ Πέτρος τοῦ ῥήματος τοῦ κυρίου, // ὡς εἶπεν αὐτῷ ὅτι

14.   Mt 26,75   πρὶν ἀλέκτορα   φωνῆσαι   τρὶς   ἀπαρνήσῃ ¹/ με·
     Mc 14,72   πρὶν ἀλέκτορα   φωνῆσαι ²δὶς   τρίς με ἀπαρνήσῃ·
     Lc 22,61   πρὶν ἀλέκτορα   φωνῆσαι σήμερον   ἀπαρνήσῃ / με τρίς.

15.   Mt 26,75   καὶ ¹ἐξελθὼν ἔξω⌐ ἔκλαυσεν πικρῶς.
     Mc 14,72   καὶ ²ἐπιβαλὼν   ἔκλαιεν.
     Lc 22,62   καὶ ἐξελθὼν ἔξω ἔκλαυσεν πικρῶς.

§ 101. Mc 15,1; Mt 27,1-2; Lc 23,1

1.   Mt 27,1   πρωΐας δὲ ¹γενομένης συμβούλιον ἔλαβον   ²πάντες οἱ ἀρχιερεῖς
     Mc 15,1   καὶ ³εὐθὺς πρωῒ   συμβούλιον ποιήσαντες   οἱ ἀρχιερεῖς
     Lc 23,1   καὶ   ἀναστὰν ἅπαν τὸ πλῆθος αὐτῶν
     Lc (22,66)   καὶ ὡς ἐγένετο ἡμέρα,

2.   Mt 27,1   οἱ ἀρχιερεῖς καὶ οἱ πρεσβύτεροι ¹τοῦ λαοῦ
     Mc 15,1   οἱ ἀρχιερεῖς ²μετὰ τῶν πρεσβυτέρων καὶ γραμματέων καὶ ὅλον τὸ συνέδριον,
     Lc 23,1   ἅπαν τὸ πλῆθος αὐτῶν
     Lc (22,66)   τὸ πρεσβυτέριον τοῦ λαοῦ, ἀρχιερεῖς τε καὶ γραμματεῖς, ... εἰς τὸ συνέδριον
                      αὐτῶν,

3.   Mt 27,2   ¹καὶ δήσαντες ²αὐτὸν   ³ἀπήγαγον καὶ παρέδωκαν Πιλάτῳ ⁴τῷ ἡγεμόνι.
     Mc 15,1   δήσαντες τὸν Ἰησοῦν ἀπήνεγκαν καὶ παρέδωκαν Πιλάτῳ.
     Lc 23,1   καὶ ἀναστὰν ...   ἤγαγον αὐτὸν ἐπὶ τὸν Πιλᾶτον.

4.   Mt 27,3-10   Mors Judae.
     Mc 15,1   om.
     Lc   Mors Judae (Act 1,15-20).

§ 102. Mc 15,2-5; Mt 27,11-14; Lc 23,2-5

1.   Mt 27,11   καὶ   ἐπηρώτησεν αὐτὸν ὁ ἡγεμὼν λέγων·
     Mc 15,2   καὶ   ἐπηρώτησεν αὐτὸν ὁ Πιλᾶτος·
     Lc 23,3   ὁ δὲ Πιλᾶτος   ἠρώτησεν αὐτὸν   λέγων.

2.   Mt 27,11   ὁ δὲ Ἰησοῦς   ἔφη·
     Mc 15,2   ὁ δὲ   ἀποκριθεὶς αὐτῷ λέγει·
     Lc 23,3   ὁ δὲ   ἀποκριθεὶς αὐτῷ ἔφη·

3. Mt 27,12   καὶ ἐν τῷ κατηγορεῖσθαι αὐτὸν ὑπὸ τῶν ἀρχιερέων ¹καὶ πρεσβυτέρων
    Mc 15,3   καὶ κατηγόρουν αὐτοῦ   οἱ ἀρχιερεῖς ²πολλά.
    Lc (23,10) οἱ ἀρχιερεῖς καὶ οἱ γραμματεῖς εὐτόνως κατηγοροῦντες αὐτοῦ.

4. Mt 27,13   τότε   λέγει αὐτῷ ὁ Πιλᾶτος·
    Mc 15,4   ὁ δὲ Πιλᾶτος πάλιν ἐπηρώτα   αὐτὸν λέγων·
    Lc (23,9)   ἐπηρώτα δὲ αὐτὸν ἐν λόγοις ἱκανοῖς·

5. Mt (27,12)   οὐδὲν ¹ἀπεκρίνατο.
    Mt 27,14   καὶ   οὐκ   ἀπεκρίθη   ²αὐτῷ πρὸς οὐδὲ ἕν ῥῆμα,
    Mc 15,5   ³ὁ δὲ Ἰησοῦς ⁴οὐκέτι οὐδὲν ἀπεκρίθη,
    Lc (23,9) αὐτὸς δὲ   οὐδὲν ἀπεκρίνατο αὐτῷ.

§ 103. Mc 15,6-15; Mt 27,15-26; Lc 23,13-25

1. Mt 27,16   εἶχον δὲ τότε δέσμιον ἐπίσημον λεγόμενον [Ἰησοῦν] Βαραββᾶν.
    Mc 15,7   ἦν δὲ ὁ λεγόμενος Βαραββᾶς μετὰ τῶν στασιαστῶν δεδεμένος,
               οἵτινες ἐν τῇ στάσει   φόνον πεποιήκεισαν.
    Lc (23,19) ὅστις ἦν διὰ στάσιν τινὰ ... καὶ φόνον   βληθεὶς ἐν τῇ φυλακῇ.

2. Mt 27,17   συνηγμένων οὖν αὐτῶν
    Mc 15,8   καὶ ἀναβὰς ὁ ὄχλος ἤρξατο αἰτεῖσθαι καθὼς ἐποίει αὐτοῖς.
    Lc 23,13   om.

3. Mt 27,17   ¹συνηγμένων οὖν αὐτῶν   εἶπεν αὐτοῖς ὁ Πιλᾶτος·
    Mc 15,9   ὁ δὲ Πιλᾶτος   ²ἀπεκρίθη αὐτοῖς λέγων·
    Lc 23,13-14 Πιλᾶτος δὲ συγκαλεσάμενος τοὺς ἀρχιερεῖς ... (14) εἶπεν πρὸς αὐτούς·

4. Mt 27,20   ἵνα   αἰτήσωνται   ¹// τὸν Βαραββᾶν, τὸν ²δὲ Ἰησοῦν ἀπολέσωσιν.
    Mc 15,11   ἵνα ³μᾶλλον τὸν Βαραββᾶν   ἀπολύσῃ αὐτοῖς.
    Lc 23,18   αἶρε τοῦτον, ἀπόλυσον δὲ ἡμῖν // τὸν Βαραββᾶν·

5. Mt 27,21-22 εἶπεν   αὐτοῖς· τίνα (1)θέλετε ἀπὸ τῶν δύο ἀπολύσω ὑμῖν ; ...
               (22) λέγει   αὐτοῖς ὁ Πιλᾶτος· τί οὖν   ποιήσω
    Mc 15,12   ²ἔλεγεν   αὐτοῖς·   τί οὖν [θέλετε] ποιήσω
    Lc 23,20   προσεφώνησεν αὐτοῖς,   θέλων   ἀπολῦσαι τὸν Ἰησοῦν.

6. Mt 27,21   οἱ δὲ εἶπαν·   τὸν Βαραββᾶν.
    Mc 15,12   om.
    Lc (23,18) λέγοντες· αἶρε τοῦτον, ἀπόλυσον δὲ ἡμῖν τὸν Βαραββᾶν·

7. Mt 27,22   τί οὖν   ποιήσω   ¹Ἰησοῦν τὸν λεγόμενον χριστόν ;
    Mc 15,12   τί οὖν [θέλετε] ποιήσω   ²[ὃν λέγετε] τὸν βασιλέα τῶν Ἰουδαίων ;
    Lc 23,20   θέλων ἀπολύσαι   τὸν Ἰησοῦν.

8. Mt 27,22   ¹λέγουσιν πάντες· σταυρωϑήτω.
    Mc 15,13   οἱ δὲ ²πάλιν ἔκραξαν·   σταύρωσον   αὐτόν.
    Lc 23,21   οἱ δὲ ἐπεφώνουν λέγοντες·   σταύρου σταύρου αὐτόν.

9. Mt 27,23   ὁ δὲ   ἔφη·   τί γὰρ κακὸν ¹/ ἐποίησεν ;
    Mc 15,14   ὁ δὲ ²Πιλᾶτος ³ἔλεγεν   αὐτοῖς· τί γὰρ ἐποίησεν κακόν ;
    Lc 23,22   ὁ δὲ τριτὸν   εἶπεν πρὸς αὐτούς· τί γὰρ κακὸν / ἐποίησεν οὗτος ;

10. Mt 27,23   οἱ δὲ περισσῶς ¹ἔκραζον λέγοντες·   ²σταυρωϑήτω.
    Mc 15,14   οἱ δὲ περισσῶς ἔκραξαν·   σταύρωσον αὐτόν.
    Lc 23,23   οἱ δὲ ἐπέκειντο φωναῖς μεγάλαις αἰτούμενοι αὐτὸν σταυρωϑῆναι,

11. Mt 27,24   ὁ Πιλᾶτος ... λέγων· ἀϑῷός εἰμι ἀπὸ τοῦ αἵματος τούτου·
    Mc 15,14   om.
    Lc (23,22)   οὐδὲν αἴτιον ϑανάτου εὗρον ἐν αὐτῷ·

12. Mt 27,26   τότε   ἀπέλυσεν αὐτοῖς
    Mc 15,15   ὁ δὲ Πιλᾶτος βουλόμενος τῷ ὄχλῳ τὸ ἱκανὸν ποιῆσαι   ἀπέλυσεν αὐτοῖς
    Lc 23,24-25   καὶ Πιλᾶτος ἐπέκρινεν γενέσϑαι τὸ αἴτημα αὐτῶν· (25) ἀπέλυσεν δέ

13. Mt 27,26   τὸν ¹δὲ Ἰησοῦν   φραγελλώσας ²// παρέδωκεν ἵνα σταυρωϑῇ.
    Mc 15,15   καὶ παρέδωκεν τὸν Ἰησοῦν φραγελλώσας   ἵνα σταυρωϑῇ.
    Lc 23,25   τὸν δὲ Ἰησοῦν   // παρέδωκεν τῷ ϑελήματι αὐτῶν.

§ 104. Mc 15,16-20; Mt 27,27-31; Lc 23,26a

1. Mt 27,28   καὶ ἐκδύσαντες   αὐτὸν χλαμύδα κοκκίνην περιέϑηκαν   αὐτῷ,
    Mc 15,17   καὶ ἐνδιδύσκουσιν αὐτὸν πορφύραν   καὶ περιτιϑέασιν αὐτῷ... στέφανον·
    Lc (23,11)   περιβαλὼν   ἐσϑῆτα λαμπράν

2. Mt 27,29   ἐνέπαιξαν   αὐτῷ   λέγοντες· χαῖρε,   βασιλεῦ
    Mc 15,18   ἤρξαντο ἀσπάζεσϑαι αὐτόν·   χαῖρε,   βασιλεῦ
    Lc (23,36-37) ἐνέπαιξαν δὲ αὐτῷ ... (37) καὶ λέγοντες· εἰ σὺ εἶ ὁ βασιλεύς

3. Mt 27,31   καὶ   ἀπήγαγον αὐτὸν εἰς τὸ σταυρῶσαι.
    Mc 15,20   καὶ   ἐξάγουσιν αὐτὸν ἵνα   σταυρώσωσιν αὐτόν.
    Lc 23,26   καὶ ὡς ἀπήγαγον αὐτόν,

§ 105. Mc 15,21; Mt 27,32; Lc 23,26

1. Mt 27,32   ἐξερχόμενοι δὲ εὗρον ἄνϑρωπον ...· τοῦτον ἠγγάρευσαν
    Mc 15,21   καὶ ἀγγαρεύουσιν   παράγοντά τινα
    Lc 23,26   ἐπιλαβόμενοι   Σίμωνά τινα Κυρηναῖον ... ἐπέϑηκαν

2. Mt 27,32   ἄνϑρωπον   Κυρηναῖον, ὀνόματι Σίμωνα·
    Mc 15,21   ¹παράγοντά τινα Σίμωνα Κυρηναῖον   ἐρχόμενον ἀπ᾽ ἀγροῦ,
                ²τὸν πατέρα Ἀλεξάνδρου καὶ Ῥούφου,
    Lc 23,26   Σίμωνά τινα Κυρηναῖον   ἐρχόμενον ἀπ᾽ ἀγροῦ

§ 106. Mc 15,22-32; Mt 27,33-44; Lc 23,33-43

1. Mt 27,33   καὶ   ¹ἐλθόντες   εἰς   τόπον   ²λεγόμενον   Γολγοθᾶ,
Mc 15,22   καὶ   ³φέρουσιν αὐτὸν ἐπὶ τὸν Γολγοθὰν τόπον,
Lc 23,33   καὶ ὅτε ἦλθον   ἐπὶ τὸν   τόπον τὸν καλούμενον Κρανίον,

2. Mt 27,33   ὅ ἐστιν   κρανίου τόπος λεγόμενος,
Mc 15,22   ὅ ἐστιν μεθερμηνευόμενον κρανίου τόπος.
Lc 23,33   τὸν   καλούμενον   Κρανίον,

3. Mt (27,36)   καὶ καθήμενοι ἐτήρουν   αὐτὸν ¹ἐκεῖ.
Mt 27,35   σταυρώσαντες δὲ αὐτόν
Mc 15,24   ²καὶ   ³σταυροῦσιν   αὐτόν,
Lc 23,33   καὶ ὅτε..., ἐκεῖ ἐσταύρωσαν   αὐτόν

4. Mt 27,35   σταυρώσαντες ... διεμέρισαντο   τὰ ἱμάτια αὐτοῦ βάλλοντες κλῆρον,
Mc 15,24   ¹καὶ   ²διαμερίζονται   τὰ ἱμάτια αὐτοῦ, βάλλοντες κλῆρον ³ἐπ᾽ αὐτὰ
           τίς τί ἄρῃ.
Lc 23,34   διαμεριζόμενοι δὲ τὰ ἱμάτια αὐτοῦ ἔβαλον   κλήρους.

5. Mt 27,36   καὶ καθήμενοι   ¹ἐτήρουν αὐτὸν ἐκεῖ.
Mc 15,25   ²ἦν δὲ ὥρα τρίτη καὶ ἐσταύρωσαν αὐτόν.
Lc 23,35   καὶ εἰστήκει ὁ λαὸς   θεωρῶν.

6. Mt 27,37   καὶ ἐπέθηκαν ¹ἐπάνω τῆς κεφαλῆς αὐτοῦ τὴν αἰτίαν αὐτοῦ   γεγραμμένην·
Mc 15,26   καὶ ²ἦν ἡ ³ᵃἐπιγραφὴ   τῆς αἰτίας αὐτοῦ ᵇἐπιγεγραμμένη·
Lc (23,38)   ἦν δὲ καὶ ἐπιγραφὴ ἐπ᾽ αὐτῷ·

7. Mt 27,37   οὗτός ἐστιν Ἰησοῦς ὁ βασιλεὺς τῶν Ἰουδαίων.
Mc 15,26   ὁ βασιλεὺς τῶν Ἰουδαίων.
Lc (23,38)   ὁ βασιλεὺς τῶν Ἰουδαίων οὗτος.

8. Mt 27,38   τότε σταυροῦνται / σὺν αὐτῷ δύο λῃσταί,
Mc 15,27   καὶ σὺν αὐτῷ σταυροῦσιν   δύο λῃστάς,
Lc (23,33)   ἐκεῖ ἐσταύρωσαν / αὐτὸν καὶ τοὺς κακούργους,

9. Mt 27,40   σῶσον σεαυτόν, ¹εἰ υἱὸς ²εἶ   ³τοῦ θεοῦ,
Mc 15,30   σῶσον σεαυτόν
Lc (23,35)   σωσάτω ἑαυτόν, εἰ οὗτός ἐστιν ὁ χριστὸς τοῦ θεοῦ ὁ ἐκλεκτός.
Lc (23,37)   εἰ σὺ   εἶ ὁ βασιλεὺς τῶν Ἰουδαίων, σῶσον σεαυτόν.

10. Mt 27,41   οἱ ἀρχιερεῖς ἐμπαίζοντες   μετὰ τῶν γραμματέων καὶ
Mc 15,31   οἱ ἀρχιερεῖς ἐμπαίζοντες πρὸς ἀλλήλους μετὰ τῶν γραμματέων
Lc 23,35   ἐξεμυκτήριζον δὲ καὶ οἱ ἄρχοντες

11. Mt 27,42   ἑαυτὸν οὐ δύναται σῶσαι·   βασιλεὺς Ἰσραήλ ἐστιν,
    Mc 15,31-32   ἑαυτὸν οὐ δύναται σῶσαι·   (32) ὁ χριστὸς ὁ βασιλεὺς Ἰσραήλ
    Lc 23,35   σωσάτω ἑαυτόν,   εἰ οὗτός ἐστιν ὁ χριστὸς τοῦ θεοῦ ὁ ἐκλεκτός.

12. Mt 27,42   καὶ πιστεύσομεν ἐπ᾿ αὐτόν.
    Mc 15,32   ἵνα ἴδωμεν καὶ πιστεύσωμεν.
    Lc 23,35   om.

13. Mt 27,44   τὸ ¹δ᾿ αὐτὸ καὶ οἱ ²λῃσταὶ οἱ   συσταυρωθέντες σὺν αὐτῷ
    Mc 15,32   καὶ   οἱ   συνεσταυρωμένοι σὺν αὐτῷ
    Lc 23,39   εἷς δὲ   τῶν κρεμασθέντων κακούργων

§ 107. Mc 15,33-41; Mt 27,45-56; Lc 23,44-49

1. Mt 27,45   ἀπὸ δὲ   ἕκτης ὥρας   σκότος ἐγένετο
    Mc 15,33   καὶ γενομένης   ὥρας ἕκτης   σκότος ἐγένετο
    Lc 23,44   καὶ ἦν ἤδη ὡσεὶ ὥρα   ἕκτη καὶ σκότος ἐγένετο

2. Mt 27,50   ὁ δὲ Ἰησοῦς πάλιν ¹κράξας   ²φωνῇ μεγάλῃ
    Mc 15,37   ὁ δὲ Ἰησοῦς   ἀφεὶς   φωνὴν μεγάλην
    Lc 23,46   καὶ   φωνήσας φωνῇ μεγάλῃ ὁ Ἰησοῦς εἶπεν·

3. Mt 27,50   ἀφῆκεν τὸ πνεῦμα.
    Mc 15,37   ἐξέπνευσεν.
    Lc 23,46   πάτερ, εἰς χεῖράς σου παρατίθεμαι τὸ πνεῦμά μου.

4. Mt 27,54   ὁ δὲ ¹ἑκατόνταρχος
    Mc 15,39   ἰδὼν δὲ ὁ   κεντυρίων   ²ὁ παρεστηκὼς ἐξ ἐναντίας αὐτοῦ
    Lc 23,47   ἰδὼν δὲ ὁ   ἑκατοντάρχης

5. Mt 27,54   ἰδόντες   τὸν σεισμὸν καὶ ¹τὰ γενόμενα ²ἐφοβήθησαν σφόδρα, ³λέγοντες·
    Mc 15,39   ἰδὼν ... ⁴ὅτι οὕτως ἐξέπνευσεν,   εἶπεν·
    Lc 23,47   ἰδὼν ...   τὸ γενόμενον ἐδόξαζεν τὸν θεὸν   λέγων·

6. Mt 27,56   ἐν αἷς ἦν Μαρία ἡ Μαγδαληνή, καὶ Μαρία ἡ τοῦ Ἰακώβου
                καὶ Ἰωσὴφ   μήτηρ, καὶ ἡ μήτηρ τῶν υἱῶν Ζεβεδαίου.
    Mc 15,40   ἐν αἷς καὶ Μαρία ἡ Μαγδαληνὴ καὶ Μαρία ἡ   Ἰακώβου τοῦ μικροῦ
                καὶ Ἰωσῆτος μήτηρ ⌜καὶ Σαλώμη,
    Lc 23,49   om. (cf. 24,10).

7. Mt (27,55)   αἵτινες ⁽¹⁾ἠκολούθησαν τῷ Ἰησοῦ ²‖ ³ἀπὸ τῆς Γαλιλαίας
    Mc 15,41   αἳ ὅτε ἦν ἐν τῇ Γαλιλαίᾳ ⁴ἠκολούθουν   αὐτῷ
    Lc 23,49   αἱ (συνακολουθήσασαι) αὐτῷ   ‖ ἀπὸ τῆς Γαλιλαίας,   N²⁶ -θοῦσαι

8. Mt (27,55)   πολλαί
    Mc 15,41   καὶ ἄλλαι πολλαὶ αἱ συναναβᾶσαι αὐτῷ εἰς Ἱεροσόλυμα.
    Lc (23,49a)   πάντες

§ 108.　Mc 15,42-47; Mt 27,57-61; Lc 23,50-56

1. Mt 27,57　　ὀψίας δὲ　　　γενομένης
　 Mc 15,42　　¹ᵃκαὶ ἤδη ὀψίας γενομένης, ᵇἐπεὶ ἦν παρασκευή, ²ὅ ἐστιν προσάββατον,
　 Lc (23,54)　　　　　καὶ ἡμέρα ἦν παρασκευῆς, καὶ σάββατον ἐπέφωσκεν.

2. Mt 27,57　　om., cf. v. 62 : τῇ δὲ ἐπαύριον, ἥτις ἐστὶν μετὰ τὴν παρασκευήν,
　 Mc 15,42　　ἐπεὶ ἦν παρασκευή, ὅ ἐστιν προσάββατον,
　 Lc 23,50　　om., cf. v. 54 : καὶ ἡμέρα ἦν παρασκευῆς, καὶ σάββατον ἐπέφωσκεν.

3. Mt 27,57　　¹ἄνθρωπος πλούσιος　　ἀπὸ Ἀριμαθαίας, ²τοὔνομα Ἰωσήφ,
　 Mc 15,43　　　　　　Ἰωσὴφ [ὁ] ἀπὸ Ἀριμαθαίας, ³εὐσχήμων βουλευτής,
　 Lc 23,50-51　ἀνὴρ ὀνόματι Ἰωσὴφ　　　　βουλευτὴς ὑπάρχων,
　　　　　　　ἀνὴρ ἀγαθὸς καὶ δίκαιος, (51) ... ἀπὸ Ἀριμαθαίας

4. Mt 27,57　　ὃς καὶ αὐτὸς　ἐμαθητεύθη　τῷ Ἰησοῦ·
　 Mc 15,43　　ὃς καὶ αὐτὸς ἦν προσδεχόμενος τὴν βασιλείαν τοῦ θεοῦ,
　 Lc 23,51　　ὃς　　　　προσεδέχετο　τὴν βασιλείαν τοῦ θεοῦ,

5. Mt 27,58　　¹οὗτος　²προσελθὼν　³τῷ Πιλάτῳ　　ᾐτήσατο τὸ σῶμα τοῦ Ἰησοῦ.
　 Mc 15,43　　⁴τολμήσας　εἰσῆλθεν πρὸς　τὸν Πιλᾶτον ⁵καὶ ᾐτήσατο τὸ σῶμα τοῦ Ἰησοῦ.
　 Lc 23,52　　οὗτος　προσελθὼν　τῷ Πιλάτῳ　　ᾐτήσατο τὸ σῶμα τοῦ Ἰησοῦ,

6. Mt 27,58　　τότε ὁ Πιλᾶτος　ἐκέλευσεν ἀποδοθῆναι.
　 Mc 15,44-45　ὁ δὲ　　Πιλᾶτος ¹ἐθαύμασεν εἰ ἤδη τέθνηκεν, καὶ προσκαλεσάμενος τὸν κεντυ-
　　　　　　　ρίωνα ἐπηρώτησεν αὐτὸν εἰ πάλαι ἀπέθανεν· (45) καὶ γνοὺς ἀπὸ τοῦ κεντυρίω-
　　　　　　　νος ἐδωρήσατο ²τὸ πτῶμα τῷ Ἰωσήφ.
　 Lc　　　　　om.

7. Mt 27,59　　καὶ　　　　　λαβὼν τὸ σῶμα ...¹ἐνετύλιξεν ²/³αὐτὸ [ἐν] σινδόνι καθαρᾷ,
　 Mc 15,46　　καὶ ⁴ἀγοράσας σινδόνα καθελὼν αὐτὸν　ἐνείλησεν　　ⁿ⁵τῇ σινδόνι
　 Lc 23,53　　καὶ　　　　καθελὼν　ἐνετύλιξεν / αὐτὸ σινδόνι,

8. Mt 27,60　　καὶ ⁽¹⁾ἔθηκεν ⁽²⁾αὐτὸ ἐν τῷ ³καινῷ αὐτοῦ μνημείῳ ὃ　ἐλατόμησεν
　 Mc 15,46　　καὶ　ἔθηκεν　αὐτὸν ἐν　　μνημείῳ ὃ ⁴ἦν λελατομημένον
　 Lc 23,53　　καὶ　ἔθηκεν (αὐτὸ) ἐν　　μνήματι　λαξευτῷ, N²⁶ αὐτόν
　　　　　　　οὗ οὐκ ἦν οὐδεὶς οὔπω κείμενος.

9. Mt 27,61　　ἦν ... καθήμεναι ἀπέναντι ¹τοῦ τάφου.
　 Mc 15,47　　　　ἐθεώρουν　　　ποῦ ²τέθειται.
　 Lc 23,55　　ἐθεάσαντο　　τὸ μνημεῖον καὶ ὡς ἐτέθη τὸ σῶμα αὐτοῦ,

§ 109. Mc 16,1-8; Mt 28,1-20; Lc 24,1-53

1.   Mt 28,1   ὀψὲ δὲ   σαββάτων,   τῇ ... εἰς μίαν   σαββάτων,
       Mc 16,1-2   καὶ διαγενομένου τοῦ σαββάτου ... (2) καὶ ... τῇ   μιᾷ τῶν σαββάτων
       Lc 24,1   τῇ δὲ   μιᾷ τῶν σαββάτων

2.   Mt 28,1   Μαριὰμ ἡ Μαγδαληνὴ καὶ   ἡ ἄλλη Μαρία
       Mc 16,1   Μαρία ἡ Μαγδαληνὴ καὶ   Μαρία ἡ [τοῦ] Ἰακώβου ⌜καὶ Σαλώμη
       Lc 24,1   om.
       Lc (24,10)   ἡ Μαγδαληνὴ Μαρία καὶ Ἰωάννα καὶ Μαρία ἡ   Ἰακώβου·

3.   Mt 28,1   ἦλθεν ... θεωρῆσαι τὸν τάφον.
       Mc 16,1   ἠγόρασαν ἀρώματα ἵνα ἐλθοῦσαι ἀλείψωσιν αὐτόν.
       Lc 24,1   ἦλθον   φέρουσαι ἃ ἡτοίμασαν ἀρώματα.

4.   Mt 28,1   τῇ [1]ἐπιφωσκούσῃ εἰς μίαν   σαββάτων,
       Mc 16,2   καὶ λίαν πρωῒ τῇ   μιᾷ τῶν σαββάτων..., [2]ἀνατείλαντος τοῦ ἡλίου.
       Lc 24,1   τῇ   δὲ μιᾷ τῶν σαββάτων   ὄρθρου βαθέως
       Lc (23,54)   καὶ σάββατον ἐπέφωσκεν.

5.   Mt 28,1   ἦλθεν Μαριὰμ ἡ Μαγδαληνή
       Mc 16,2   ἔρχονται ἐπὶ τὸ μνημεῖον,
       Lc 24,1   ἐπὶ τὸ μνῆμα ἦλθον φέρουσαι ἃ ἡτοίμασαν ἀρώματα.

6.   Mt 28,2   om.
       Mc 16,3   καὶ ἔλεγον πρὸς ἑαυτάς· τίς ἀποκυλίσει ἡμῖν τὸν λίθον ἐκ τῆς θύρας τοῦ μνη-
                 μείου ;
       Lc 24,2   om.

7.   Mt 28,2   καὶ   προσελθὼν   (1)ἀπεκύλισεν [2]τὸν λίθον
       Mc 16,4   καὶ [3]ἀναβλέψασαι θεωροῦσιν [4]ὅτι   ἀποκεκύλισται ὁ λίθος·
                 [5]ἦν γὰρ μέγας σφόδρα.
       Lc 24,2   εὗρον δὲ   τὸν λίθον ἀποκεκυλισμένον ἀπὸ τοῦ μνημείου,

8.   Mt 28,2   [1]καὶ ἰδοὺ σεισμὸς ἐγένετο μέγας· ἄγγελος γὰρ... καὶ ἐκάθητο ἐπάνω αὐτοῦ.
       Mc 16,5   εἶδον   νεανίσκον   καθήμενον [2]ἐν τοῖς δεξιοῖς
       Lc 24,4   καὶ ἰδοὺ   ἄνδρες δύο ἐπέστησαν αὐταῖς

9.   Mt 28,3   ἦν δὲ ἡ εἰδέα αὐτοῦ ὡς [1]ἀστραπή,
       Mc 16,5   [2]περιβεβλημένον στολὴν   λευκήν,
       Lc 24,4   ἐν ἐσθῆτι   ἀστραπτούσῃ·

10.   Mt 28,4   ἀπὸ [1]δὲ τοῦ [2]φόβου αὐτοῦ ἐσείσθησαν οἱ τηροῦντες καὶ ἐγενήθησαν ὡς νεκροί.
       Mc 16,5   καὶ [3]ἐξεθαμβήθησαν.
       Lc 24,5   ἐμφόβων δὲ γενομένων αὐτῶν   καὶ κλινουσῶν τὰ πρόσωπα εἰς τὴν γῆν,

11.   Mt 28,5   ἀποκριθεὶς δὲ ὁ ἄγγελος εἶπεν ταῖς γυναιξίν·
     Mc 16,6   ὁ   δὲ   λέγει αὐταῖς·
     Lc 24,5   εἶπαν πρὸς αὐτάς·

12.   Mt 28,5   μὴ [1]φοβεῖσθε ὑμεῖς·   [2]οἶδα γὰρ ὅτι Ἰησοῦν ... ζητεῖτε·
     Mc 16,6   μὴ ἐκθαμβεῖσθε·   Ἰησοῦν   ζητεῖτε
     Lc 24,5   ἐμφόβων δὲ γενομένων αὐτῶν ... εἶπαν πρὸς αὐτάς·   τί   ζητεῖτε

13.   Mt 28,5   ὅτι Ἰησοῦν   τὸν ἐσταυρωμένον ζητεῖτε·
     Mc 16,6   Ἰησοῦν ζητεῖτε τὸν Ναζαρηνὸν τὸν ἐσταυρωμένον·
     Lc 24,5   τί   ζητεῖτε   τὸν ζῶντα μετὰ τῶν νεκρῶν;

14.   Mt 28,6   οὐκ ἔστιν ὧδε· [1]//   ἠγέρθη [2]γὰρ   [3]καθὼς εἶπεν·
     Mc 16,6   ἠγέρθη,   οὐκ ἔστιν ὧδε·
     Lc 24,6   οὐκ ἔστιν ὧδε, // ἀλλὰ ἠγέρθη. μνήσθητε ὡς ἐλάλησεν ὑμῖν

15.   Mt 28,7   εἴπατε τοῖς μαθηταῖς αὐτοῦ   ὅτι ἠγέρθη   ἀπὸ [1]τῶν νεκρῶν,
     Mc 16,7   εἴπατε τοῖς μαθηταῖς αὐτοῦ [2]καὶ τῷ Πέτρῳ ὅτι
     Lc 24,(5-)6   τὸν ζῶντα μετὰ τῶν νεκρῶν;
               (6) ... μνήσθητε ὡς ἐλάλησεν ὑμῖν

16.   Mt 28,8   καὶ ἀπελθοῦσαι ταχὺ   ἀπὸ τοῦ μνημείου   μετὰ φόβου καὶ χαρᾶς μεγάλης
     Mc 16,8   καὶ ἐξελθοῦσαι ἔφυγον ἀπὸ τοῦ μνημείου, ⌜εἶχεν γὰρ αὐτὰς τρόμος καὶ ἔκστα-
                σις· καὶ οὐδενὶ οὐδὲν εἶπαν· ἐφοβοῦντο γάρ.
     Lc 24,9   ὑποστρέψασαι   ἀπὸ τοῦ μνημείου

17.   Mt 28,8   ἔδραμον ἀπαγγεῖλαι   τοῖς μαθηταῖς αὐτοῦ.
     Mc 16,8   καὶ οὐδενὶ οὐδὲν εἶπαν·
     Lc 24,9   ἀπήγγειλαν ταῦτα πάντα τοῖς ἕνδεκα καὶ πᾶσιν τοῖς λοιποῖς.

18.   Mt 28,19   μαθητεύσατε πάντα τὰ ἔθνη, βαπτίζοντες αὐτοὺς εἰς τὸ ὄνομα τοῦ πατρὸς καὶ
                τοῦ υἱοῦ καὶ τοῦ ἁγίου πνεύματος,
     Mc 16,8   om.
     Lc 24,47   καὶ κηρυχθῆναι ἐπὶ τῷ ὀνόματι αὐτοῦ μετάνοιαν εἰς ἄφεσιν ἁμαρτιῶν εἰς πάντα
                τὰ ἔθνη,

APPENDIX

I. Variant Readings and Minor Agreements

1. The N²⁶ Readings

A. Minor agreements removed by the Nestle-Aland²⁶ text:

				N	N²⁶
p. 12	§ 2.6:(2)	Mk	1,8	om	ἐν
p. 24	§ 18.1:(1)	Mk	3,1	om	τήν
p. 27	§ 20.5:(1)	Mk	3,14	om	[οὓς καὶ ἀποστόλους ὠνόμασεν]
p. 31	§ 24.8:(1)	Mt	13,7	ἀπέπνιξαν	ἔπνιξαν
p. 32	§ 25.3:(3)	Mt	13,11	om	αὐτοῖς
p. 33	§ 26.7:(2)	Mk	4,16	ὁμοίως	om
p. 59	§ 61.7:(2)	Mt	19,21	om	[τοῖς]
p. 59	§ 61.9:(1)	Mt	19,22	[τοῦτον]	om
p. 59	§ 62.4:(1)	Mt	19,24	τρήματος	τρυπήματος
p. 59	§ 62.4:(2)	Mt	19,24	εἰσελθεῖν	διελθεῖν
p. 60	§ 63.5:(1)	Mt	19,29	πολλαπλασίονα	ἑκατονταπλασίονα
p. 64	§ 68.13:(3)	Lk	19,36	ἑαυτῶν	αὐτῶν
p. 67	§ 74.13.(1)	Mk	12,9	om	[οὖν]
p. 68	§ 75.6:(2)	Mt	22,21	om	αὐτῷ
p. 75	§ 87.2:(1)	Mk	13,31	om	μή
p. 78	§ 94.5:(5)	Lk	22,18	om	[ὅτι]
p. 85	§ 103.5:(1)	Mk	15,12	om	[θέλετε]
p. 89	§ 108.8:(1)	Mk	15,46	κατέθηκεν	ἔθηκεν
p. 90	§ 109.7:(1)	Mk	16,4	ἀνακεκύλισται	ἀποκεκύλισται

The numbering within parentheses, in this list and in the text above, refers to the agreement in the Cumulative List, 1974 (N text).

Note also:

p. 34	§ 27.1:2	Mk	4,21	ὅτι	om
p. 34	§ 27.4:2	Mk	4,22	τι	om
p. 39	§ 33.8	Lk	8,43	om [ἰατροῖς προσαναλώσασα ὅλον τὸν βίον]	

B. Minor agreements created by the Nestle-Aland²⁶ text:

				N²⁶	N
p. 17	§ 13.3	Mk	1,40	καί before λέγων	om
p. 22	§ 16.3	Mt	9,14	πολλά	om
p. 28	§ 22.4:2	Lk	11,15	εἶπον	εἶπαν
p. 40	§ 33.21:1	Lk	8,52	οὐ γάρ	οὐκ
p. 47	§ 38.23	Mk	6,41	[αὐτοῦ]	om
p. 50	§ 50.2:2	Mk	8,34	ἀκολουθεῖν	ἐλθεῖν
p. 51	§ 51.1	Mk	9,2	τόν³	om

				N²⁶	N
p. 52	§ 51.12:2	Mk	9,8	ἀλλά	εἰ μή
p. 62	§ 67.4:4	Mt	20,30	ἐλέησον ἡμᾶς, [κύριε]	3 1-2
p. 63	§ 68.4:2	Mt	21,2	εὐθέως	εὐθύς
p. 66	§ 74.2	Lk	20,9	[τις]	om
p. 68	§ 75.1:1	Mt	22,16	λέγοντες	λέγοντας
p. 74	§ 84.1	Mk	13,15	[δέ]	om
p. 74	§ 85.1:2	Lk	17,23	ἤ	om
p. 78	§ 94.5:6	Lk	22,16	om	οὐκέτι
p. 83	§ 100.5:2	Mk	14,68	[καὶ ἀλέκτωρ ἐφώνησεν]	om
p. 84	§ 100.12	Mt	26,74	εὐθέως	εὐθύς
p. 84	§ 100.13:1	Lk	22,61	ῥήματος	λόγου
p. 88	§ 107.5:1	Mt	27,54	γενόμενα	γινόμενα

Note also:

p. 26	§ 19.2:1	Mt	12,15	[ὄχλοι]	om
p. 31	§ 24.10	Mk	4,8	ἕν ter	εἰς, ἐν, ἐν
p. 36	§ 31.12	Mk	4,40	οὔπω	οὕτως; πῶς οὐκ
p. 42	§ 34.8:4	Mk	6,6	ἐθαύμαζεν	ἐθαύμασεν
p. 50	§ 48.8:1	Mt	16,20	διεστείλατο	ἐπετίμησεν
p. 56	§ 57	Lk	17,1	πλὴν οὐαί	οὐαὶ δέ
p. 60	§ 64.1	Mt	20,17	καὶ ἀναβαίνων ὁ	μέλλων δὲ ἀναβαίνειν
p. 70	§ 77.2:3	Mk	12,28	ἰδών	εἰδώς

2. The Greeven Readings Compared with N²⁶

A. Minor agreements removed by the Greeven text:

				N²⁶	G
p. 17	§ 13.3	Mk	1,40	καί before λέγων	om N
p. 22	§ 16.8:1-3	Mk	2,22	ἀπόλλυται...	ἐκχεῖται ... ἀπολοῦνται
p. 24	§ 17.12:1.3	Lk	6,5	τοῦ σαββάτου ὁ υἱὸς τ. ἀνθ.	3–6 καὶ 1-2
p. 27	§ 20.5:2	Mk	3,16	καὶ ἐποίησεν τ. δώδεκα	om
π. 30	§ 23.1:4	Μκ	3,31	αὐτοῦ¹	om
p. 31	§ 24.7	Mt	13,4	ἐλθόντα	ἦλθεν ... καί
p. 40	§ 33.21:1	Lk	8,52	οὐ γάρ	οὐκ N
p. 47	§ 38.25:1	Mk	6,43	κλάσματα	κλασμάτων
p. 49	§ 48.3:3	Mk	8,28	[ὅτι]	om
p. 50	§ 50.3:2	Mk	8,35	ἀπολέσει	ἀπολέσῃ

				N²⁶	G
p. 51	§ 50.5:2	Mk	8,36	κερδῆσαι... ζημιωθῆναι	ἐὰν κερδήσῃ...ζημιωθῇ
p. 51	§ 50.9:1	Mk	9,1	ὧδε τῶν	τῶν ὧδε
p. 51	§ 51.1	Mk	9,2	τόν³	om N
p. 58	§ 60.1:1	Mk	10,13	ἐπετίμησαν	ἐπετίμων
p. 58	§ 61.4:1	Mk	10,20	ἔφη (cf. list 2.B)	εἶπεν
p. 59	§ 61.8	Mt	19,21	οὐρανοῖς	οὐρανῷ
p. 60	§ 63.3:2.3	Mk	10,29	ἔφη (cf. list 2.B)	εἶπεν
p. 62	§ 67.4:4	Mt	20,30	ἐλέησον ἡμᾶς, Κύριε	3 1-2 N
p. 63	§ 68.6:2	Mk	11,3	om	ὅτι
p. 65	§ 71.5:2	Mk	11,17	πεποιήκατε	ἐποιήσατε
p. 66	§ 73.7:2	Mk	11,29	om	κἀγώ
p. 66	§ 74.2	Lk	20,9	[τις]	om N
p. 68	§ 74.16	Mt	21,44	[v.]	om
p. 69	§ 75.8:3	Mk	12,17	ἐξεθαύμαζον	ἐθαύμαζον
p. 71	§ 78.2:1	Lk	20,41	εἶναι Δαυὶδ υἱόν	3 2 1
p. 72	§ 82.2:2	Lk	21,8	om	ὅτι
p. 73	§ 83.2:2	Lk	21,12	τάς	om
p. 76	§ 90.4:1	Mk	14,4	om	καὶ λέγοντες
p. 77	§ 91.2:2	Mk	14,10	αὐτὸν παραδοῖ	2 1
p. 78	§ 94.5:6	Lk	22,16	om	οὐκέτι N
p. 84	§ 100.13:1	Lk	22,61	ῥήματος	λόγου N
p. 85	§ 103.5:2	Mk	15,12	ἔλεγεν	εἶπεν
p. 87	§ 106.3:3	Mk	15,24	σταυροῦσιν	σταυρώσαντες
p. 87	§ 106.4:1	Mk	15,24	καί	om
p. 88	§ 107.5:1	Mt	27,54	γενόμενα	γινόμενα N

Note also:

p. 11	§ 1.2	Mt	3,1	δέ	om
p. 18	§ 13.6:2	Lk	5,13	λέγων	εἰπών
p. 23	§ 17.4:2	Lk	6,2	εἶπαν	εἶπον
p. 24	§ 17.12:2	Lk	6,5	om	ὅτι before κύριός ἐστιν
p. 24	§ 18a.6:2	Lk	6,9	εἰ	τί
p. 26	§ 19.2:1	Mt	12,15	[ὄχλοι]	om N
p. 34	§ 27.4:2	Mk	4,22	ἐὰν μὴ ἵνα	ὃ ἐὰν μή
p. 53	§ 53.8:1	Mt	17,16	ἠδυνήθησαν	ἠδυνάσθησαν
p. 56	§ 57	Lk	17,1	πλὴν οὐαί	οὐαὶ δέ N
p. 63	§ 68.4:1	Lk	19,30	λέγων	εἰπών
p. 70	§ 77.2:3	Mk	12,28	ἰδών	εἰδώς N
p. 72	§ 82.4:1	Mk	13,8	om	καί before ἔσονται²
p. 77	§ 91.1:1	Mk	14,10	om	ὁ before Ἰσκαριώθ
p. 77	§ 92.5:1	Lk	22,10	εἰς ἥν	οὗ

B. Minor agreements created by the Greeven text:

				G	N[26]
p. 15	§ 8.1	Mk	1,28	ἐξῆλθεν δέ	καὶ ἐξῆλθεν
p. 18	§ 13.7:2	Mk	1,42	εἰπόντος αὐτοῦ	om
p. 19	§ 14.7	Mk	2,5	ἰδὼν δέ	καὶ ἰδών
p. 27	§ 20.5:1	Mk	3,14	om N	[οὓς καὶ ἀποστόλους ὠνόμασεν]
p. 29	§ 22.9	Mk	3,26	μεμέρισται	ἐμερίσθη
p. 30	§ 23.1:4	Mk	3,31	ἀδελφοὶ... μήτηρ	μήτηρ ... ἀδελφοί
p. 33	§ 26.7:2	Mk	4,16	ὁμοίως N	om
p. 33	§ 26.9	Mk	4,18	ἐπί	εἰς
p. 35	§ 29.1	Mk	4,31	κόκκον	κόκκῳ
p. 37	§ 32.1	Lk	8,26	Γεργεσηνῶν (diff. Mt/Lk)	Γερασηνῶν
p. 37	§ 32.2:1	Mk	5,2	ἀπήντησεν	ὑπήντησεν
p. 38	§ 32.15	Mk	5,14	ἀνήγγειλαν	ἀπήγγειλαν
p. 39	§ 33.7+	Mk	5,25	τις after γυνή	om
p. 42	§ 35.3:2	Lk	9,1	ἀποστόλους	om
p. 50	§ 50.2:1	Mk	8,34	ὅστις	εἴ τις
p. 50	§ 50.3:1	Mk	8,35	ἑαυτοῦ ψυχήν	ψυχὴν αὐτοῦ
p. 52	§ 51.10+	Mk	9,7	ἦλθεν	ἐγένετο
p. 52	§ 51.10+	Mt	17,5	αὐτοῦ ἀκούετε	ἀκούετε αὐτοῦ
p. 53	§ 53.1:1	Mt	17,14	αὐτῶν after ἐλθόντων	om
p. 58	§ 60.1:1	Mk	10,13	τοῖς προσφέρουσιν	αὐτοῖς
p. 59	§ 61.4:1	Mk	10,20	ἀποκριθεὶς εἶπεν	ἔφη (cf. list 2.A)
p. 59	§ 61.7:2	Mt	19,21	om N	τοῖς
p. 59	§ 61.8+	Mk	10,21	ἄρας τὸν σταυρόν	om
p. 59	§ 62.4:2	Mt	19,24	εἰσελθεῖν N	διελθεῖν
p. 60	§ 63.3:2.3	Mk	10,29	ἀποκριθεὶς ... εἶπεν	ἔφη (cf. list 2.A)
p. 60	§ 63.3+	Mt	19,29	ἢ γυναῖκα	om
p. 61	§ 66.1	Mt	20,24	δέ	καί
p. 62	§ 67.11	Mk	10,52	τῷ Ἰησοῦ	αὐτῷ
p. 64	§ 68.13:3	Lk	19,36	ἑαυτῶν N	αὐτῶν
p. 65	§ 71.6	Mk	11,18	γραμματεῖς ... ἀρχιερεῖς	2 ... 1
p. 66	§ 73.9:2	Mk	11,31	ἐλογίζοντο	διελογίζοντο
p. 66	§ 73.12	Mk	11,33	ἀποκριθεὶς before ὁ Ἰη.	om
p. 68	§ 75.6	Lk	20,24	ἀποκριθέντες δέ	οἱ δέ
p. 68	§ 75.6	Mk	12,17	καὶ ἀποκριθεὶς ὁ Ἰη.	ὁ δὲ Ἰησοῦς
p. 70	§ 76.10	Mt	22,30	θεοῦ after ἄγγελοι	om
p. 72	§ 82.3	Mt	24,6	πάντα	om
p. 74	§ 84.2	Mk	13,15	εἰς τὴν οἰκίαν	om
p. 75	§ 87.+	Mk	13,29	ταῦτα ἴδητε	ἴδητε ταῦτα
p. 75	§ 88.1	Mk	13,33	καὶ προσεύχεσθε	om
p. 78	§ 93.2:3	Mt	26,22	ἕκαστος αὐτῶν	εἷς ἕκαστος
p. 78	§ 93.3	Mk	14,19	καὶ ἄλλος· μήτι ἐγώ;	om
p. 80	§ 97.1	Mk	14,43	ὁ Ἰσκαριώτης	om

			G	N²⁶
p. 81	§ 98.2	Mk 14,53	αὐτῷ after συνέρχονται	om
p. 85	§ 103.5:1	Mk 15,12	om N	θέλετε
p. 89	§ 108.8:1	Mk 15,46	κατέθηκεν N	ἔθηκεν
p. 90	§ 109.1	Mk 16,2	τῆς μιᾶς	τῇ μιᾷ τῶν

Note also:

p. 19	§ 14.3	Mk 2,3	πρὸς αὐτὸν παραλ. φέροντες	4 1–3 (vb/obj.)
p. 22	§ 16.7	Mk 2,22	ῥήσσει (Mt plur.; Lk fut.)	ῥήξει
p. 34	§ 27.4:2	Mk 4,22	τι N	om
p. 34	§ 27.6:5	Mk 4,24	τοῖς ἀκούουσιν	om
p. 40	§ 33.22	Mk 5,40	ὁ	αὐτός
p. 40	§ 33.22	Mk 5,40	ἀνακείμενον after παιδίον	om
p. 41	§ 34.3:2	Mk 6,2	οἱ N	om
p. 74	§ 86.2:2	Mk 13,25	ἐκπίπτοντες	πίπτοντες
p. 84	§ 100.12	Mk 14,72	om	εὐθύς
		Mt 26,74	εὐθύς N	εὐθέως

Other variant readings in the Greeven text which affect the minor agreements and/or their presentation in the text above:

Mk	G		N²⁶
1,1	om N		[υἱοῦ θεοῦ]
1,2	ἐγώ before ἀποστέλλω		om
1,4	om		[ὁ] before βαπτίζων
2,1	εἰς οἶκον		ἐν οἴκῳ
2,9	3 1-2		τὸν κράβαττόν σου
2,10	ἀφιέναι ἐπὶ τῆς γῆς ἁμαρτίας		1 5 2–4
2,12	ἐναντίον		ἔμπροσθεν
2,14	ἠκολούθει		ἠκολούθησεν
2,16	ἤσθιεν		ἐσθίει
2,16	καὶ πίνει		om
2,26	τοῖς ἱερεῦσιν		τοὺς ἱερεῖς
3,11	λέγοντα N		λέγοντες
3,22	Βεελ Ζεβουλ		Βεελζεβούλ
3,31	ἔρχονται N		ἔρχεται
3,31	φωνοῦντες		καλοῦντες
4,12	εἰδῶσιν		ἴδωσιν
4,38	διεγείρουσιν		ἐγείρουσιν
4,40	οὕτως N		om
5,1	ἦλθεν		ἦλθον
5,6	αὐτόν N		αὐτῷ
5,26	ἑαυτῆς		αὐτῆς

	G	N²⁶
Mk		
5,27	τά	om
5,33	ἐπ' before αὐτῇ	om
5,34	θύγατερ	θυγάτηρ
6,2	ἐν τῇ συναγωγῇ διδάσκειν	4 1–3
6,2	γίνονται	αἱ ... γινόμεναι
6,5	οὐδεμίαν δύναμιν ποιῆσαι	3 1-2
6,9	ἐνδύσασθαι	ἐνδύσησθε
6,14	ἔλεγεν	ἔλεγον
6,37	δώσωμεν	δώσομεν
8,36	ὠφελήσει	ὠφελεῖ
9,20	εὐθέως	εὐθύς
9,24	εὐθέως	εὐθύς
9,25	σοι ἐπιτάσσω	ἐπιτάσσω σοι
9,27	αὐτὸν 1-2	τῆς χειρὸς αὐτοῦ
9,29	καὶ νηστείᾳ	om
9,33	ἦλθεν	ἦλθον
10,12	γυνὴ ἀπολύσῃ ... καί	αὐτὴ ἀπολύσασα
10,46	ὁ before τυφλός	om
10,46	2–5 προσαιτῶν	προσαίτης 2–5
11,11	ὀψέ N	ὀψίας
11,32	λαόν	ὄχλον
11,33	λέγουσιν τῷ Ἰησοῦ	2-3 1
12,4	ἐκεφαλαίωσαν N	ἐκεφαλίωσαν
12,19	τέκνον μὴ ἀφῇ	2-3 1
13,2	om N	ὧδε
13,15	τι ἆραι N	ἆραί τι
14,3	τόν	τήν
14,20	ἐκ after εἷς	om
14,52	ἀπ' αὐτῶν	om
15,39	κράξας after οὕτως	om
Mt		
3,16	om N	[καί] before ἐρχόμενον
4,2	τεσσεράκοντα νύκτας N	2 1 (cf. 4.5)
4,23	ὁ Ἰησοῦς after περιῆγεν	om
8,18	πολλοὺς ὄχλους	ὄχλον
9,4	εἰδώς N	ἰδών
9,9	ἠκολούθει	ἠκολούθησεν
12,10	θεραπεύειν	θεραπεῦσαι (cf. 18b.5)
12,24.27	Βεελ Ζεβουλ	Βεελζεβούλ
12,46	δέ	om
13,8	καρπούς	καρπόν
17,3	μετ' αὐτοῦ συλλαλοῦντες	3 1-2
19,9	καὶ ὁ ἀπολελυμένην γαμήσας μοιχᾶται	om
19,24	om (cf. list 2.B) N	εἰσελθεῖν before εἰς (cf. list 1.A)
24,30	κόψονται τότε	τότε κόψονται
24,35	παρελεύσονται	παρέλθωσιν
26,20	μαθητῶν N	om
27,2	Ποντίῳ	om
27,16	om N	[Ἰησοῦν]
27,29	ἐνέπαιζον	ἐνέπαιξαν
27,60	om	αὐτό
Lk		
6,3	ὁπότε N	ὅτε
6,7	om	αὐτόν
6,38	τῷ 2 αὐτῷ 3 1	ᾧ γὰρ μέτρῳ

Lk	G		N²⁶
8,48	θύγατερ		θυγάτηρ
9,9	ὁ before Ἡρῴδης N		om
9,13	πέντε ἄρτοι		ἄρτοι πέντε
9,24	ἐάν	N	ἄν
11,15.19	Βεελ Ζεβουλ		Βεελζεβούλ
11,20	om		[ἐγώ]
18,21	μου		om
18,22	om		[τοῖς]
18,29	εἴνεκεν	N	ἕνεκεν
20,44	αὐτὸν κύριον	N	κύριον αὐτόν
20,45	om	N	[αὐτοῦ] after μαθηταῖς
21,11	2-3 1		καὶ κατὰ τόπους
22,7	om	N	[ἐν] before ἡ
23,33	ἀπῆλθον		ἦλθον

3. WORDS FROM OTHER EDITIONS
ENCLOSED WITHIN PARENTHESES IN THE TEXT ABOVE

N²⁶

p. 18	§ 13.5:(1)	Mk 1,41	ὁ δὲ Ἰησοῦς TR S V	καί
p. 18	§ 13.7:(2)	Mk 1,42	εἰπόντος αὐτοῦ TR S V G	om
p. 19	§ 14.8	Mt 9,2	ἀφέωνται TR S	ἀφίενται
p. 20	§ 14.14:(1)	Mt 9,5	ἀφέωνται TR S	ἀφίενται
p. 20	§ 14.15:(1)	Mk 2,9	ὕπαγε T S	περιπάτει
p. 21	§ 15.3	Mt 9,9	ἠκολούθει T S	-ησεν
p. 23	§ 17.5:(1)	Lk 6,2	ποιεῖν TR T S	om
p. 27	§ 20.1	Mt 10,3	Λεββαῖος T	Θαδδαῖος
p. 33	§ 26.7:(2)	Mk 4,16	ὁμοίως N rel.	om
p. 33	§ 26.10:(1)	Mk 4,19	κόσμου Mss D (Θ 565) it	πλούτου
p. 34	§ 27.4:(2)	Mk 4,22	τι T h S V M N	om
p. 37	§ 32.1:(1)	Mk 5,2	ἀπήντησεν TR S	ὑπ-
p. 40	§ 33.16	Lk 8,48	θύγατερ T S H-L	-άτηρ

p. 42	§ 35.3:(1)	Lk 9,1	ἀποστόλους S (TR μαθητὰς αὐτοῦ)	om
p. 45	§ 37.1	Mt 14,3	om [T] H-L	Φιλίππου
p. 46	§ 38.6	Mt 14,14	om Vaganay	ἐξελθών
p. 50	§ 50.2:(1)	Mk 8,34	ὅστις TR T	εἴ τις
p. 50	§ 50.3:(1)	Mk 8,35	ἑαυτοῦ ψ. (H)	ψ. αὐτοῦ
p. 54	§ 53.18:(1)	Lk 9,42	ἀφῆκεν αὐτόν Vaganay	om
p. 59	§ 61.9:1	Mt 19,22	τοῦτον [H] [N] H-L	om
p. 70	§ 76.12:(1)	Mk 12,27	ὑμεῖς οὖν TR	om
p. 71	§ 78.4	Mk 12,36	κάθισον h	κάθου
p. 78	§ 94.3	Mt 26,28	καινῆς TR S	om
p. 79	§ 95.3	Lk 22,34	ἀπαρνήσῃ μὴ εἰδ. με TR T	με ἀπ. εἰδ.
p. 88	§ 107.7:(1)	Lk 23,49	συνανακολουθήσασαι TR	-θοῦσαι
p. 89	§ 108.8:(2)	Lk 23,53	αὐτό TR	αὐτόν

II. SIGNIFICANT MINOR AGREEMENTS

Not all Matthew-Luke agreements collected in a cumulative list of minor agreements against Mark are equally important. Several scholars proposed their own selection of *significant* minor agreements. S. McLoughlin made a compilation of four such lists (J.C. Hawkins, E.D. Burton, M.-J. Lagrange, B. de Solages). It includes the following instances:

p. 11	§ 1.9	Mt 3,5	Lk 3,3	
p. 12	§ 2.6:3	Mt 3,11	Lk 3,16	
p. 17	§ 12.1	Mt 4,23	Lk 4,43	
p. 17	§ 13.2:1	Mt 8,2	Lk 5,12	
p. 18	§ 13.4:1	Mt 8,2	Lk 5,12	
p. 19	§ 14.3:1	Mt 9,2	Lk 5,18	
p. 19	§ 14.4:1	Mt 9,2	Lk 5,18	
p. 20	§ 14.19:1	Mt 9,7	Lk 5,25	
p. 20	§ 14.20:1	Mt 9,8	Lk 5,26	
p. 22	§ 16.6	Mt 9,16	Lk 5,36	
p. 22	§ 16.8:1	Mt 9,17	Lk 5,37	
p. 23	§ 17.3	Mt 12,1	Lk 6,1	
p. 23	§ 17.10:3	Mt 12,4	Lk 6,4	
p. 24	§ 18a.1:(1)	Mt 12,9	Lk 6,6	(N)
p. 26	§ 19.2:1	Mt 4,25	Lk 6,17	
p. 26	§ 19.6:1.2	Mt 4,24	Lk 6,18	
p. 27	§ 20.8:1	Mt 10,2	Lk 6,14	
p. 32	§ 25.1:1	Mt 13,10	Lk 8,9	
p. 32	§ 25.4:2.3	Mt 13,11	Lk 8,10	
p. 36	§ 31.13:2.3	Mt 8,27	Lk 8,25	
p. 39	§ 33.3:2	Mt 9,18	Lk 8,41	
p. 39	§ 33.10:2	Mt 9,20	Lk 8,44	
p. 42	§ 35.5:2	Mt 10,1	Lk 9,1	
p. 42	§ 35.6	Mt 10,7	Lk 9,2	
p. 43	§ 35.9:1	Mt 10,10	Lk 9,3	
p. 44	§ 36.1:2	Mt 14,1	Lk 9,7	
p. 45	§ 38.5:2	Mt 14,13	Lk 9,11	
p. 46	§ 38.9	Mt 14,14	Lk 9,11	
p. 50	§ 48.7	Mt 16,16	Lk 9,20	
p. 51	§ 51.3	Mt 17,2	Lk 9,29	
p. 52	§ 51.8:1	Mt 17,6	Lk 9,34	
p. 52	§ 51.9:1	Mt 17,5	Lk 9,34	
p. 53	§ 53.10:1	Mt 17,17	Lk 9,41	
p. 55	§ 53.21:2.3	Mt 17,18	Lk 9,42	
p. 60	§ 63.5:(1)	Mt 19,29	Lk 18,30	(N)
p. 64	§ 68.19	Mt 21,16	Lk 19,39	
p. 64	§ 69.2:1	Mt 21,17	Lk 21,37	
p. 65	§ 73.2:1	Mt 21,23	Lk 20,1	
p. 74	§ 84.4:2	Mt 24,21	Lk 21,23	
p. 79	§ 96.5:1	Mt 26,42	Lk 22,42	

p. 80	§ 97.3	Mt 26,50	Lk 22,48
p. 82	§ 99.2:1.2	Mt 26,63	Lk 22,67
p. 82	§ 99.3:2	Mt 26,64	Lk 22,70
p. 82	§ 99.4:2	Mt 26,64	Lk 22,69
p. 82	§ 99.10	Mt 26,68	Lk 22,64
p. 84	§ 100.15:1	Mt 26,75	Lk 22,62
p. 87	§ 106.9:1.2	Mt 27,40	Lk 23,35
p. 88	§ 107.5:1	Mt 27,54	Lk 23,47
p. 89	§ 108.7:1	Mt 27,59	Lk 23,53
p. 90	§ 109.4:1	Mt 28,1	Lk 23,54
p. 90	§ 109.9:1	Mt 28,3	Lk 24,4
p. 91	§ 109.17	Mt 28,8	Lk 24,9

Cf. S. McLOUGHLIN, *Les accords mineurs Mt-Lc contre Mc et le problème synoptique. Vers la théorie des deux sources,* in *ETL* 43 (1967) 17-40.

III. BIBLIOGRAPHICAL NOTE

T.A. FRIEDRICHSEN, *The Matthew-Luke Agreements against Mark. A Survey of Recent Studies: 1974-1989*, in F. NEIRYNCK (ed.), *L'Évangile de Luc - The Gospel of Luke* (BETL, 32), Leuven, 1989, pp. 335-391.

F. NEIRYNCK, *Evangelica II: 1982-1991. Collected Essays.* Edited by F. Van Segbroeck (BETL, 99), Leuven, 1991, pp. 1-138: The Minor Agreements (Part I).
1. The Minor Agreements and the Two-Source Theory, 3-41.
2. Note on Lk 9,22. A Response to M.D. Goulder [1989, with T.A. Friedrichsen], 43-48.
3. Note on a Test Case. A Response to W.R. Farmer, 49-58.
4. The Minor Agreements and Proto-Mark. A Response to H. Koester, 59-73.
5. The Matthew-Luke Agreements in Mt 14,13-14 / Lk 9,10-11 (par. Mk 6,30-34). A Response to M.-É. Boismard [1984], 75-94.
6. ΤΙΣ ΕΣΤΙΝ Ο ΠΑΙΣΑΣ ΣΕ: Mt 26,68 / Lk 22,64 (diff. Mk 14,65) [1987], 95-138.
22. Greeven's Text of the Synoptic Gospels [1982], 377-388 (esp. 388).
23. Le texte des évangiles dans la Synopse de Boismard-Lamouille [1987], 389-405 (esp. 401-402).

See also nos. 8 (Lk 14,1-6); 14 (duplicate expressions); 27 (Mt 12,25a / Lk 11,17a); 39 (Mk 1,42).

F. NEIRYNCK, *Evangelica. Collected Essays* (BETL, 60), Leuven, 1982:
30. The Argument from Order and St. Luke's Transpositions [1973], 737-768 (esp. 738-743).
31. Deuteromarcus et les accords mineurs [1980], 769-780.
32. Les accords mineurs et la rédaction des évangiles. L'épisode du paralytique [1974], 781-796.
33. Minor Agreements Matthew-Luke in the Transfiguration Story [1973], 797-809. Additional Note: The Study of the Minor Agreements, 809-810.
7. Marc 16,1-8: Tradition et rédaction [1980], 239-272 (esp. 261-263: Mc 16,8 et l'accord de Mt/Lc).
37. The Synoptic Gospels according to the New Textus Receptus [1976], 883-898 (esp. 896-898: N²⁶ Readings and the Minor Agreements).

On *The Minor Agreements* (1974), see p. 5, n. 1.

STUDIORUM NOVI TESTAMENTI AUXILIA

edita cura

Frans NEIRYNCK

10. G. VAN BELLE, De Semeia-bron in het vierde evangelie. Ontstaan en groei van een hypothese, 1975. 160 p. 200 BF.
11. G. VAN BELLE, Les parenthèses dans l'Évangile de Jean. Aperçu historique et classification. Texte grec de Jean, 1985. 381 p. 1500 BF.
12. G. VAN OYEN, De summaria in Marcus en de compositie van Mc 1,14-8,26, 1987, 258 p. 950 BF.
13. F. NEIRYNCK, Q-Synopsis. The Double-Tradition Passages in Greek, 1988. 63 p. 240 BF
14. B.J. KOET, Five Studies on Interpretation of Scripture in Luke-Acts, 1989. 197 p. 1000 BF.
15. F. NEIRYNCK, The Minor Agreements in a Horizontal-line Synopsis, 1991. 103 p. 400 BF
16. C.J. SCHRECK, Luke 4,16-30: The Nazareth Pericope in Modern Exegesis. A History of Interpretation. (In preparation).

Nos. 1-9 are out of print.